De-facto-Staat. State- und Nationbuilding am Fallbeispiel Berg-Karabach

Katarina Resch

GRIN

Bibliografische Information der Deutschen Nationalbibliothek:

Die Deutsche Nationalbibliothek verzeichnet diese Publikation in der Deutschen Nationalbibliografie; detaillierte bibliografische Daten sind im Internet über http://dnb.d-nb.de abrufbar.

ISBN: 9783346874665
Dieses Buch ist auch als E-Book erhältlich.

Druck und Bindung: Books on Demand GmbH, Norderstedt Germany
Gedruckt auf säurefreiem Papier aus verantwortungsvollen Quellen

Das vorliegende Werk wurde sorgfältig erarbeitet. Dennoch übernehmen Autoren und Verlag für die Richtigkeit von Angaben, Hinweisen, Links und Ratschlägen sowie eventuelle Druckfehler keine Haftung.

Das Buch bei GRIN: https://www.grin.com/document/1358492

Inhaltsverzeichnis

1. Einleitung und Vorgehensweise

Im Sommer letzten Jahres kam es zu beunruhigenden Entwicklungen im Südkaukasus. An der berg-karabachischen und aserbaidschanischen Grenze kam es erneut zu bewaffneten Zusammenstößen, die zu fast zweimonatigen schweren Gefechten geführt haben (vgl. Bota, 2020: 1). Im Zentrum dieses Konflikts steht die Region Berg-Karabach, dessen Größe etwa Schleswig-Holstein gleicht. Seit mehr als drei Jahrzehnten kämpfen Berg-Karabach und Aserbaidschan erbittert um diese Region, die als innenpolitisches Problem in der Sowjetunion begann und sich im Zuge des Zerfalls des Einparteienstaats massiv zu einer ethnisch-territorialen Auseinandersetzung zugespitzt hat. Berg-Karabach, welches hierbei als ein nicht anerkannter Staat oder auch *de-facto-Staat* angesehen werden kann, verfolgt das grundlegende Ziel, sich von Aserbaidschan zu lösen, wobei Aserbaidschan die Region als eigenes Staatsterritorium betrachtet (vgl. Abasov/Khachatrian, 2006: 18).

Generell verkörpern *de-facto-Staaten* staatsähnliche Gebilde mit beschränkter Völkerrechtsfähigkeit (vgl. Noack, 2017: 3f.). Die Sezessions- beziehungsweise Separationsbewegungen, die sich daraus ergeben, stellen die internationale Stabilität und Ordnung, und damit die Staatengemeinschaft, vor ein Handlungsdilemma. Insgesamt lassen sich seit 1945 weltweit 25 *de-facto-Staaten* identifizieren, die die Absicht verfolgten oder immer noch verfolgen, sich von ihrem „Elternstaat" abzuspalten. Mit Berg-Karabach befinden sich gegenwärtig drei weitere *de-facto-Staaten* auf dem Gebiet der ehemaligen Sowjetunion (vgl. Relitz, 2015: 267).

Allerdings sind die Chancen auf eine eigene Unabhängigkeit für diese *de-facto-Staaten* schwindend gering. Häufig werden diese von der Staatengemeinschaft als Herrschaftsverbände und Räume begrenzter Staatlichkeit angesehen, die eine Destabilisierungspolitik betreiben und damit die internationale Stabilitätsordnung gefährden. An dieser Stelle soll die Bachelorarbeit ansetzen. Ziel ist es darzulegen und herauszuarbeiten, ob der *de-facto-Staat* Berg-Karabach *State-* und *Nationbuilding* Strukturen vorweisen kann oder nicht. Um diese Fragestellung zu klären, wird folgendermaßen vorgegangen: Zuallererst wird in einem theoretischen Teil auf den Forschungsstand des *State-* und *Nationbuilding*, aber auch der *de-facto-Staaten* eingegangen. Daraufolgend soll herausgearbeitet werden, was die essentiellen Strukturkriterien des *State-* und *Nationbuilding* sind. Zu beachten ist, dass es kein Konsens über einen einheitlichen Kriterienkatalog von Staatlichkeit gibt, sodass hier unter Hinzuziehung ausgewählter Autoren eigene Analysekriterien aufgestellt werden. Da es sich bei Berg-Karabach um einen *de-facto-Staat* handelt, gilt es in einem weiteren Kapitel auf die Merkmale und Charakteristika eines *de-facto-Staates* einzugehen. Zum weiteren Verständnis werden die Ursachen und Hintergründe des Berg-Karabach-Krieges beleuchtet. Zudem wird auf die resultierenden Folgen, die sich aus diesem militärischen Konflikt ergeben haben, eingegangen. Im zweiten Teil werden die zu Anfang aufgestellten Analysekriterien des *State-* und *Nationbuilding* auf die Strukturen in Berg-Karabach übertragen. Auf Basis des Untersuchten werden zum Schluss die Ereignisse rekapituliert, damit die zu Anfang gestellte Frage beantwortet werden kann.

2. Forschungsstand

Der Forschungsstand im Bereich *State-* und *Nationbuilding* ist sehr breit angelegt. Zumeist werden diese Begriffe als traditionelle Doktrin der Vereinten Nationen angesehen, die durch „Friedensmissionen" schwache oder gescheiterte Staaten zumeist nach langjährigen Kriegen stabilisieren sollen. Im Rahmen von militärischen und humanitären Aufgaben ist es neben der regionalen Friedenssicherung die zentrale Aufgabe, eine wirksame und funktionsfähige Regierung zu etablieren, sodass der Begriff des *State-* und *Nationbuilding* häufig als Synonym für *Peacebuilding* verwendet wird (vgl. Götze/Guzina, 2008: 319). Da aber der Fokus nicht auf *Peacebuilding* oder UN-Friedensmissionen liegt, wird sich in dieser Arbeit auf die klassischen *State-* und *Nationbuilding* Strukturen in sogenannten *de-facto-Staaten* konzentriert. Den Grundstein für klassische Staatlichkeit legte bereits der österreichische Staatsrechtler Georg Jellinek Mitte des 19. Jahrhundert mit seiner *Staatstrias* aus Staatsterritorium, -gewalt und -volk (vgl. Jellinek, 1914: 412ff.) fest.

Als offizielles Dokument für moderne Staatlichkeit kann die Montevideo Konvention aus dem Jahre 1933 angesehen werden, auf die im theoretischen Teil näher eingegangen wird. Ersichtlich ist, dass der Forschungsstand bezüglich *State-* und *Nationbuilding* sehr weit fortgeschritten ist, wobei es bis heute keinen einheitlichen Kriterienkatalog gibt. So versteht Stütz unter *Statebuilding* „[...] das Fördern und Aufbauen von sämtlichen staatlichen und politischen Institutionen und Organisationen" (Stütz, 2008: 21). Für Benz zum Beispiel besteht die zentrale Funktion der Staatlichkeit darin, die Sicherheit und den Fortbestand einer Gesellschaft zu gewährleisten, die er weiter in bestimmte Unterkategorien unterteilt (vgl. Benz zitiert in Stütz, 2008: 178f.).

In Bezug auf *de-facto-Staaten*, findet die Forschung hauptsächlich im englischsprachigen Raum statt. Als Wegbereiter für dieses Forschungsfeld lässt sich Pegg benennen, der als Erster *de-facto-Staaten* als eigenständige Akteure auf internationaler Bühne erforscht hat. Darüber hinaus betrachtet er in seinen Studien die Entstehungsgründe dieser Regime sowie die Folgen und Konsequenzen, die diese nicht anerkannten Staaten für die internationale Sicherheit mit sich bringen. Zudem konzipierte er eine Definition von *de-facto-Staaten*, die eine breite Anerkennung im Forschungsfeld hervorgerufen hat. Dadurch leistete er eine solide Forschungsgrundlage für weitere Studien (vgl. Biedermann, 2017: 218). Als weitere Vertreter für *de-facto-Staaten* Forschung lassen sich Lynch, King und Trier benennen. Ferner wären noch Kolsto und Blakkisrud zu erwähnen, die die beiden Dimensionen des *State-* und *Nationbuilding* und der *de-facto-Staaten* vermischen. In ihren Studien formulieren die Autoren eigene Kriterien von Staatlichkeit, um anschließend zu überprüfen, ob sich diese in *de-facto-Staaten* wiederfinden lassen.

3. Ansätze des *State-* und *Nationbuilding*

Um im zweiten Analyseteil die Frage beantworten zu können, ob die Berg-Karabach-Region *State-* und *Nationbuilding* Strukturen vorweisen kann, wird in diesem Kapitel zunächst eine angemessene theoretische Grundlage gesetzt. Deshalb gilt es zuallererst passende Kriterien aufzustellen. Dabei wird sich unter anderem auf eine Vielzahl von Autoren bezogen, die bereits im zweiten Kapitel erwähnt wurden. Zur Abgrenzung und zur besseren Verständlichkeit wird im weiteren Verlauf etwas näher auf *de-facto-Staaten* und der damit im Zusammenhang stehende Begriff des *eingefrorenen Konflikts* eingegangen und erläutert.

3.1 Strukturkriterien des *Statebuilding*

Die Begriffsbezeichnung des *Statebuilding* wird im amerikanischen Raum häufig als Synonym für *Nationbuilding* verwendet, welches seine Ursprünge in den Modernisierungstheorien der 50-er Jahre hat (vgl. Stütz, 2008: 20). In dieser Arbeit werden jedoch die beiden Begriffe getrennt voneinander betrachtet. Deshalb gilt es in diesem Kapitel die zentralen Strukturmerkmale des modernen Staates herauszuarbeiten, sodass im empirischen Teil der Staatlichkeitsanspruch Berg-Karabachs untersucht werden kann. Zu erwähnen wäre noch, dass keine einheitliche Definition und Kriterien bezüglich *Statebuilding* existieren, sodass in diesem Rahmen nach eigenen ausgewählten Merkmalen vorgegangen wird.

Als erste Annäherung wäre die Montevideo Konvention aus dem Jahre 1933 zu nennen. Auf dieser siebten internationalen Konferenz befassten sich die nord- und südamerikanischen Staaten mit grundlegenden Strukturkriterien, die einen modernen Staat ausmachen. Die aufgestellten Charakteristika gelten gegenwärtig als klassische Kriterien für den Staatsaufbau und sind als Teil des Völkergewohnheitsrechts anzusehen. Nach Artikel 1 müssen vier bestimmte Qualifikationen vorliegen, damit von einem vollwertigen Staat gesprochen werden kann. Dazu muss der jeweilige Staat eine ständige Bevölkerung und ein genau definiertes Gebiet besitzen. Des Weiteren muss er eine funktionsfähige Regierung und die Fähigkeit vorweisen, Beziehungen zu anderen Staaten aufnehmen zu können (vgl. Montevideo Konvention, 1933: Artikel 1). Die Konvention bestätigt demnach die *drei Elementen-Lehre* Jellineks. Nach seiner rechtswissenschaftlichen Definition zeichnet sich ein Staat durch die Merkmale eines Staatsgebiets, Staatsvolkes und einer Staatsgewalt aus (vgl. Jellinek, 1914: 412ff.). Somit erweitert die Montevideo Konvention aus dem Jahre 1933 Jellineks *Staatstrias* um den vierten Punkt, der Beziehungsaufnahme zu anderen Staaten. Zum besseren Verständnis werden die vier Punkte näher erläutert. Im Zusammenhang mit dem Kriterium der ständigen Bevölkerung ist die Größe einer bestimmten Bevölkerung eher unwichtig. Allerdings muss sie nach Quénivet eine „selbstbestimmende Einheit" verkörpern (vgl. Quénivet, 2006: 484f.). Hierbei spielt das Selbstbestimmungsrecht der Völker eine bedeutende Rolle. Auf Basis dessen muss geprüft werden, ab wann ein Volk im Zusammenhang mit dem Thema des Selbstbestimmungsrechts vorliegt oder nicht (vgl. ebd.). Allerdings wird häufig das Kriterium der ständigen Bevölkerung mit dem Begriff des „Volkes" verwechselt beziehungsweise als Synonym gebraucht (vgl. ebd.). Obwohl es keinen einheitlichen Definitionsbegriff eines „Volkes" gibt, werden unter diesem Begriff klassischerweise alle auf einem bestimmten Gebiet lebenden Menschen verstanden. Hier wird das „Volk" als eine Gruppe von Menschen definiert, die unter anderem durch eine gemeinsame Nationalgeschichte, Kultur, Sprache und Religion geeint sind, sodass hier die Rolle der Nation eine primäre Rolle einnimmt (vgl. Hille, 2010: 28). Es ist ersichtlich, dass der Begriff der ständigen Bevölkerung oder auch des „Volkes" sehr eng mit dem Prozess des *Nation-building* verbunden ist. Deshalb wird dieser Aspekt in Kapitel 3.2 näher thematisiert.

Um weiter von Staatlichkeit sprechen zu können, muss ein Staat ein festgelegtes Territorium besitzen. Eine klare Abgrenzung ist hierbei essentiell wichtig. Damit keine Gebietsstreitigkeiten mit Nachbarstaaten entstehen, schlägt Brownlie vor, die jeweiligen Gebietsabgrenzungen in einem Vertrag festzuhalten (vgl. Brownlie, 1998: 48). Außerdem muss die Regierung eines Staates eine wirksame Kontrolle über das festgesetzte Territorium ausüben. Um beurteilen zu können, ob eine effektive und wirksame Regierung vorliegt, muss eine staatliche Souveränität gegeben sein. In Bezug dazu unterscheidet Hille Souveränität von

Unabhängigkeit, indem sie die beiden Begriffe getrennt betrachtet (vgl. Hille, 2010: 31). Nach ihrem Standpunkt betrachtet „Sovereignty only the plenary competence that states possess. The term sovereignty is also used to address the plenary power that a state has in internal and external affairs" (vgl. ebd.).

Das letzte Kriterium der Beziehungsaufnahme in Bezug zu anderen staatlichen Akteuren wird als entscheidender Faktor für die tatsächliche Staatlichkeit eines Staates angesehen. Demnach ist „[...] the capacity to enter into relations with other states [...] recognition from the part of the states, the capability to have relations on a legal level" (vgl. ebd.: 31f.). Zudem muss noch ergänzt werden, dass dennoch die Möglichkeit besteht, dass eine jeweilige politische Einheit nicht als vollwertiger Staat von der internationalen Staatengemeinschaft anerkannt wird, obwohl diese die Merkmale der Staatlichkeit nach der Montevideo Erklärung erfüllt. So kann zum Beispiel im Rahmen von UN-Resolutionen beschlossen werden, bestimmte politische Einheiten nicht anzuerkennen. In den meisten Fällen hängt dies weniger mit der Erfüllung der Kriterien der Staatlichkeit zusammen. Häufig basieren UN-Entscheidungen auf den Grundsätzen der Nichtanerkennung bei territorialen Grenzverschiebungen infolge von Sezessionskämpfen, wobei sich die Staatengemeinschaft hier in den meisten Fällen auf die territoriale Integrität eines bestehenden Staates beruft (vgl. ebd.: 33).

Aufbauend auf diesen Minimalkriterien erweitert Benz den Kriterienkatalog der Staatlichkeit. Für ihn besteht die zentrale Funktion des Staates darin, die Sicherheit und den Fortbestand einer Gesellschaft zu gewährleisten (vgl. Benz zitiert in Stütz, 2008: 178f.). Diese grundlegende Funktion unterteilt Benz noch einmal in drei Unterkategorien. Dazu zählt, dass die politische Einheit in der Lage sein muss, dass im bestimmten Territorium lebende Staatsvolk durch äußere Bedrohung zu schützen. Diese Sicherheit kann unter anderem gewährleistet werden durch das Militär, diplomatische Beziehungen und durch Systeme kollektiver Sicherheit. Weiterhin muss der Staat, um als ein staatliches Gefüge angesehen zu werden, eine innere Friedenssicherung gewährleisten. Hier gilt es, die Freiheit aller durch die Etablierung einer rechtsstaatlichen Ordnung zu schützen. Als dritte Unterkategorie benennt Benz die Sicherung natürlicher Lebensbedingungen. Dieses Kriterium ist noch relativ neu, wird aber aufgrund von Umweltbedrohungen vom Autor als bedeutend empfunden (vgl. ebd.). Darüber hinaus legt Benz weitere Funktionen des Staates fest, die für die Staatlichkeit einer Einheit gelten. Innerhalb der ökonomischen Funktion muss ein Staat die wirtschaftlichen Prozesse innerhalb der Landesgrenzen organisieren. Dies geschieht durch staatliche Ordnungspolitik,

Rahmensetzung und Schaffung einer eigenen Eigentumsordnung. Zusätzlich muss die soziale Funktion erwähnt werden. Im Rahmen staatlicher Leistungserbringung ist es nach Benz die Aufgabe des Staates seinen Bürgern eine menschenwürdige Existenz zu gewährleisten (vgl. ebd.: 179f.).

Stütz definiert *Statebuilding* als „[…] das Fördern und Aufbauen von sämtlichen staatlichen und politischen Institutionen und Organisationen" (Stütz, 2008: 21). Dazu formuliert sie zentrale Staatsfunktionen mit dazugehörigen Ausprägungen. Die zentralen Kriterien der Staatlichkeit sind nach Stütz: die Sicherheitsfunktion, die politische Funktion, die Infrastruktur und Verwaltungsfunktion, die Wirtschaftsfunktion sowie die gesellschaftliche beziehungsweise soziale Funktion (vgl. ebd.: 182f.). Unter der Sicherheitsfunktion versteht die Autorin ähnlich wie Benz, die innere und äußere Landesverteidigung durch die Justiz und das Militär. Aber auch die rechtsstaatliche Ordnung mit Freiheits- und Menschenrechten ordnet sie diesem Kriterium zu. Zur politischen Funktion gehören die politischen Institutionen und der gesamte politische Prozess. Weiterhin zählt sie die Interessenvertretung auf politischer Ebene sowie Partizipationsrechte durch die Bürger dazu. Die Infrastruktur und Verwaltungsfunktion zeichnet sich bei Stütz genauso wie auch bei Benz durch effiziente Leistungstransfers aus, damit die Bürger eine menschenwürdige Existenz führen können. Im Rahmen der Wirtschaftsfunktion ist es notwendig, dass der Staat eine ordnungsgemäße Wirtschaftspolitik festlegt. Darunter zählt die Autorin auch die Geld- und Währungspolitik. Das letzte Kriterium, ist die Soziale- beziehungsweise Gesellschaftsfunktion. Hierzu gehören das Gesundheitswesen, das Bildungswesen, die Kulturpolitik sowie die gesamte Medienland-schaft (vgl. ebd.).

Schneckener schließt sich den zuvor genannten Autoren an. Hierbei formuliert er Staatlichkeit als einen funktionellen Begriff „[…] bei dem es um die Erfüllung bestimmter, gemeinwohlori-entierter Aufgaben, um das Zustandekommen und die Durchsetzung von Entscheidungen, um die Bereitstellung von Ressourcen sowie um einen politisch-rechtlichen Ordnungsrahmen geht" (Schneckener, 2007: 102f.). Dazu zählt das klassische Konzept der Gewaltenteilung, bestehend aus der Exekutive (Polizei und Armee), Legislative (Parteien und Parlament) und Judikative (Gerichtswesen). Zudem zählt er den gesamten bürokratischen Verwaltungsbereich mit ein (vgl. ebd.).

Eine andere, aber auch durchaus ähnliche Variante von *Statebuilding*, liefern Kolsto und

Blakkisrud. Sie definieren es

„[…] as the establishment of the administrative, economic, and military groundwork of functional
states. It includes the establishment of frontier control, securing a monopoly of coercive powers on the
state territory, and putting into place a system for the collection of taxes and tolls" (Kolsto/Blakkisrud,
2008: 484).

Diese Strukturmerkmale werden von den Autoren als die „harten" Aspekte der Staatlichkeit
bezeichnet (vgl. ebd.). Darüber hinaus stellt die Sicherung und Kontrolle über das vom po-
tentiellen Staat beanspruchte Gebiet den grundlegendsten Aspekt eines Staatsaufbaus dar.
Kann diese fundamentale Voraussetzung nicht erfüllt werden, so ist dies eine erhebliche
Gefährdung für das Staatsaufbauprojekt (vgl. Kolsto/Blakkisrud, 2013: 184).

3.2 Strukturkriterien des *Nationbuilding*

Wie zu Beginn des Kapitels 3.1 erwähnt, setzte sich der Begriff des *Nationbuilding* Mitte des
20. Jahrhunderts als Prozess der soziopolitischen Entwicklung in der breiten Öffentlichkeit
durch. Dieser Prozess beschreibt idealtypisch die Entwicklung von zuerst lockeren und unabhängigen Gemeinschaften hin zu einer allmählich gemeinsam wirkenden Gesellschaft mit einem einheitlichen National- und Zusammengehörigkeitsgefühl. Das Resultat ist nach Hippler
ein gemeinsamer Nationalstaat (vgl. Hippler, 2003: 3). Darauf aufbauend soll weiterhin an
Kolsto und Blakkisrud angeknüpft werden. Die Strukturmerkmale des *Statebuilding* definieren die beiden Autoren als „harte Aspekte" der Staatlichkeit. Im Gegensatz dazu bezeichnen
sie die Kriterien des *Nationbuilding* als die „weichen" Aspekte der Staatlichkeit (vgl.
Kolsto/Blakkisrud, 2008: 484f.). Diese Aspekte zielen vor allem auf die Konstruktion einer
gemeinsamen Identität (ethnos) ab, sodass ein Gefühl der Einheit in der Bevölkerung innerhalb eines Staates entsteht. Die Mittel, die dieses Einheits- und Zusammengehörigkeitsgefühl
entwickeln und vorantreiben sollen, sind nach Kolsto und Blakkisrud staatliche Bildung, Pro-
paganda im Zusammenhang mit einer bestimmten Ideologie, aber auch staatliche Symbole
(vgl. ebd.). Akteure, die versuchen, einem staatlichen Gefüge die Qualitäten und
Eigenschaften eines Nationalstaates zu verleihen und somit den *Nationbuilding*-Prozess
vorantreiben, sind zumeist führende politische Eliten wie Staatsoberhäupter oder Intellektuelle
(vgl. ebd.).

Generell soll der Aufbau von Nationen der Bevölkerung das Gefühl vermitteln, eine
gemeinsame und unzertrennliche Nation zu sein, damit sich die Bevölkerung an den
jeweiligen und keinen anderen Staat bindet. Sehr oft wird diese Politik durch eine kulturelle
und sprachliche Homogenisierung vorangetrieben. Zum Beispiel durch die Partizipation der

Menschen an politischen Institutionen oder Ämtern (demos) (vgl. ebd.). In der heutigen Staatenwelt sind *State-* und *Nationbuilding* eng ineinander verzahnt. Aufgrund dieser Verzweigung von Identität und Staatlichkeit ist es nach den beiden Autoren viel einfacher in Kriegs- und Krisenzeiten die Bevölkerung dazu zu bringen, ihre Steuern zu zahlen und für das Allgemeinwohl des Staates zu sorgen. Darüber hinaus wird angenommen, dass die Menschen anfälliger dafür sind, ihre Loyalität der staatlichen Einheit zu verleihen, wenn sie das Gefühl haben eine adäquate Gegenleistung zu erhalten. Diese Gegenleistung kann in Form von öffentlicher Sicherheit, Rechtsstaatlichkeit oder gewissen allgemeinen Vorteilen sein (vgl. ebd.).

Isaacs und Polese definieren *Nationbuilding* in zweierlei Weise. Sie betrachten den Prozess als Bestreben der politischen Eliten, die Idee der Nation und einer nationalen Gemeinschaft zu etablieren. Dies geschieht vor allem durch politische Diskurse und Maßnahmen, die von der zentralen Ebene ausgehen (vgl. Isaacs/Polese, 2015: 372). Ihrer Ansicht nach kann der Aufbau von Nationen nur von Eliten vorangetrieben werden. Dieser muss jedoch von denjenigen Akteuren akzeptiert oder neu verhandelt werden, die bei der Konstruktion einer nationalen Identität mitbeteiligt und damit ein fundamentaler Teil des Nationenaufbaus sind (vgl. ebd.).

3.3 *De-facto-Staaten* im post-sowjetischem Raum

Die von Michael Gorbatschow eingeleitete sowjetische Umgestaltungsstrategie der Glasnost und Perestroika (Transparenz und Umstrukturierung) führte zu einem massiven Anstieg des regionalen Nationalismus im Kaukasus. Vor dem Hintergrund dessen forderten die von der Sowjetunion unterdrückten Volksgruppen ihre eigenen staatlichen Strukturen ohne jede Einmischung. Nach der endgültigen Auflösung des Einparteienstaates im Jahre 1991 entstanden auf dem ehemaligen Gebiet der UdSSR (Union der Sozialistischen Sowjetrepubliken) insgesamt 15 souveräne Staaten mit funktionsfähigen staatlichen Strukturen, die eine Hoheitsgewalt über ihre Territorien verfügten und darüber hinaus von der internationalen Staatengemeinschaft als legitim anerkannt wurden. Eine besondere Wendung gab es im Kaukasus, wo der Zusammenbruch der UdSSR und die Beseitigung ideologischer Beschränkungen mit gewalttätigen ethnischen Konflikten einherging (vgl. Saparov, 2015: 7f.). Aufgrund von Territorial- beziehungsweise Sezessionskriegen mit dem jeweiligen „Mutterstaat" etablierten sich sogenannte *de-facto-Staaten* mit staatsähnlichen Strukturen und im Endeffekt ein „Staat im Staate". Neben der Republik Berg-Karabach, welches völkerrechtlich als Teil Aserbaidschans angesehen wird (vgl. Krüger, 2009: 45f.), existieren gegenwärtig drei weitere *de-facto-Staaten* auf dem ehemaligen Gebiet der UdSSR. Darunter die Republik Transnistrien (PMR), die völkerrechtlich zur Republik Moldau gehört, und weiter die beiden Republiken Südossetien und Abchasien, die ebenfalls nach dem Völkerrecht zu Georgien gehören.

In der gegenwärtigen Literatur gibt es keine Einigung über eine allgemein anerkannte Begriffsbezeichnung für die eben erwähnten Gebiete. So werden die politischen Einheiten die ihre Unabhängigkeit von ihrem „Mutterstaat" erklärt haben, mit verschiedenen Namen bezeichnet: *„unrecognized states"*, *„para-states"*, *„pseudo-states"*, *„quasi-states"* oder *„de-facto-states"* (vgl. Kolsto, 2006: 723). In dieser Arbeit wird ausschließlich die Begriffsbezeichnung der *de-facto-Staaten* verwendet. Pegg, der als Erster die Existenz und die Auswirkungen von *de-facto-Staaten* für die internationale Politik untersucht hat, gelangt zu folgender Definition:

> „A de facto state exists where there is an organized political leadership which has risen to power through some degree of indigenous capability; receives popular support; and has achieved sufficient capacity to provide governmental services to a given population in a specific territorial area, over which effective control is maintained for a significant period of time. The de facto state views itself as capable of entering into relations with other states and it seeks full constitutional independence and widespread international recognition as a sovereign state. It is, however, unable to achieve any degree of substantive recognition and therefore remains illegitimate in the eyes of international society" (Pegg, 1998: 26).

Anstatt Pegg verwendet Rywkin die Bezeichnung der *„quasi-states"* mit folgenden Merkmalen: Zum einen entsteht bei Rywkin ein *„quasi-state"* infolge von ethnischen-religiösen-Konflikten oder einer falschen Politik, die in der jeweiligen Bevölkerung Ängste und Unsicherheiten erzeugt und so letztendlich in eine Loslösung des *„quasi-states"* von seinem „Elternstaat" mündet (vgl. Rywkin, 2006: 27f.). Zum anderen erwähnt er die Existenz eines Patrons beziehungsweise eines externen Beschützers, der den *„quasi-state"* in jeglicher Hinsicht unterstützt. Darüber hinaus, betont er – wie Pegg – die fehlende internationale Anerkennung durch die Staatengemeinschaft, trotz funktionsfähiger Staatsstrukturen (vgl. ebd.). Forsberg schließt sich größtenteils diesen beiden Ausführungen an und spricht die Fragmentierungsprozesse an, die sich als Folge durch *de-facto-Staaten* ergeben können. Häufig werden *de-facto-Staaten* als massive Gefahr für regionale und territorial-staatliche Instabilitäten gesehen mit möglichen Nachahmungsverhalten, vor allem bei Sezessionen, die erfolgreich verlaufen sind (Forsberg, 2013: 329f.).

Nach Harverland ist eine Sezession „[...] the seperation of part of the territory of a State carried out by the resident population with the aim of creating a new independent State or acceding to another existing State [...] in the absence of consent of the previously sovereign" (Haverland, 1987: 384). Da vor allem erfolgreiche Sezessionen Kettenreaktionen (vgl. Dietrich, 2010: 377f.) und weitere Sezessionsbestrebungen auslösen und damit die Zahl von *de-facto-Staaten* erhöhen können, werden sie als eine ernst zu nehmende Bedrohung für die internationale Sicherheit und Ordnung betrachtet (vgl. Biermann, 2014: 450f.). Als fester Bestandteil des internationalen Systems nehmen *de-facto-Staaten* als begrenzte Formen von Staatlichkeit eine ambivalente Position ein. Häufig werden sie als „[...] illegitime anarchische Regionen, als Hochburgen von Schmuggel und Schattenwirtschaft und als potentielle Rückzugszonen für international agierende Gewaltakteure" (Biermann 2017: 209f.) angesehen. Zudem stellen *de-facto-Staaten* das internationale System vor ein äußerst schwerwiegendes Handlungsdilemma, weil ihre Existenz zum einen gegen das UN-Prinzip der territorialen Integrität (vgl. Artikel 4, Absatz 2 UN-Charta) verstößt. Darüber hinaus wird das internationale Friedens- und Konfliktmanagement gefordert, um kriegerische und militärische Gefechte vor Ort zu unterbinden (vgl. ebd.).

Des Weiteren wird häufig in Bezug auf post-sowjetische *de-facto-Staaten* der Begriff des *eingefrorenen Konflikts* (engl. *frozen conflict*) verwendet (vgl. Grant, 2017: 362). Dieser Begriff etablierte sich gegen Ende des Kalten Krieges in die staatliche Praxis (vgl. ebd.: 464). Smetana und Ludvik definieren einen *eingefrorenen Konflikt* als einen langandauernden Nachkriegskonflikt, gekennzeichnet durch das Fehlen eines stabilen Friedens zwischen den beiden Kriegsparteien. Dabei bleiben die vorhandenen Kernprobleme der beiden gegnerischen Seiten stets im Vordergrund ohne jede Spur einer Lösung. Da es sich bei *eingefrorenen Konflikten* zumeist um historisch gewachsene Sezessionskonflikte, verbunden mit interethnischen Differenzen handelt, erfolgt eine tiefgreifende Durchdringung der betroffenen Gesellschaften, die sich durch einen generationsübergreifenden Charakter auszeichnet (vgl. Smetana/Ludvik, 2018: 4).

Weiter betrachten die beiden Autoren *eingefrorene Konflikte* als einen spezifischen Subtyp internationaler Konflikte. Dabei formulieren sie insgesamt vier Charakteristika, die ein *eingefrorener Konflikt* erfüllen muss. Als Erstes muss hier die internationale Komponente erfüllt sein. Hier werden die *eingefrorenen Konflikte* als eine Teilmenge internationaler Konflikte angesehen. Zumeist handelt es sich bei den beiden Konfliktparteien um einen *de-jura* und einen *de-facto-Staat*, wobei sich dieser in der Regel wie ein international anerkannter Staat verhält (vgl. ebd.). Als Zweites – wie bereits erwähnt – sind *eingefrorene Konflikte* durch eine langandauernde Nachkriegszeit gekennzeichnet. Die prägende Erfahrung der kriegerischen Auseinandersetzung unterscheidet diese Konflikte von anderen langwierigen Konflikten. Darüber hinaus erfahren solche Konflikte keine ordnungsgemäße Transformation. Nach den Autoren befinden sich die beiden gegnerischen Gesellschaften in einer Situation zwischen Krieg und einem trügerischen Frieden, der zu jeder Zeit in eine erneute bewaffnete Auseinandersetzung münden kann. Darauf basierend gehen die beiden Autoren auf das dritte Kriterium, den mangelnden stabilen Frieden, ein, den ein *eingefrorener Konflikt* fast immer mit sich bringt. Während es lange nicht zu Gewaltgefechten kommen kann, wird eine militärische Fortsetzung nicht ausgeschlossen. Nach Jahn bleiben diese Konflikte immer „kriegsträchtig", sodass der Konflikt bereits nach einer kurzen Zeitspanne oder erst nach mehreren Jahrzehnten wieder ausbrechen kann (vgl. Jahn, 2009: 86). Dafür sind die Kampfparteien in ständiger Alarmbereitschaft und rüsten immer wieder militärisch auf.

Als vierten Punkt benennen Smetana und Ludvik die Nichtlösung von Kernproblemen. Diese Kernprobleme zwischen den kämpfenden Seiten sind in der Regel Meinungsverschiedenheiten bezüglich territorialer Fragen, Minderheiten- oder Autonomierechte. Die Identität einer eigenen Konfliktpartei wird häufig in Bezug auf Unterschiede zur anderen Konfliktpartei konstruiert. Dafür werden im nationalen Diskurs häufig starke negative Bilder und Stereotype für die Gegenseite verwendet, um in erster Linie sein eigenes Handeln zu legitimieren (vgl. Smetana/Ludvik, 2018: 5f.). Dies führt folglich aber zu mehr Hass und intensiviert die schon bestehende Gewaltspirale, die eine Aussicht auf eine friedliche Lösung fast unmöglich macht.

In Bezug auf das Wiederauftauen eines *eingefrorenen Konflikts* ist MacFarlane der Meinung, dass die Verwendung des Begriffs „*eingefroren*" irreführend erscheint, weil die Gewalt in diesen Konfliktregionen zumeist nie vollständig zum Stillstand kommt. Militärische Gefechte treten trotz allem vereinzelt auf. Zum Beispiel „[...] häufige kleinere Feuergefechte zwischen Regierungssoldaten und bewaffneten Einheiten der Sezessionisten sowie [...] zwischen [...] Bevölkerungsgruppen" (MacFarlane, 2009: 25f.). Zudem ist die gesellschaftliche, wirtschaftliche, politische und militärische Lage, in der sich die Konfliktparteien nach MacFarlane befinden, nie stabil und unterliegt deshalb einem ständigen dynamischen Wandel. Bei einer rasanten Rahmenänderung kann es wieder zu bewaffneten Gefechten kommen (vgl. ebd.).

4. Ursachen und Hintergründe des Berg-Karabach-Krieges 1992-1994 und die daraus resultierenden Kriegsfolgen

Unmittelbar nach dem Zerfall der Sowjetunion kam es zu einem offenen Krieg zwischen den ehemaligen Sowjetrepubliken Armenien und Aserbaidschan um die Region Berg-Karabach. Im Zuge dessen übernahmen die armenischen Streitkräfte die vollständige Kontrolle über Berg-Karabach und besetzten darüber hinaus sieben weitere aserbaidschanische Bezirke (vgl. International Crisis Group, 2019: 2). Als Resultat der militärischen Auseinandersetzung verlor Aserbaidschan circa 13,4 Prozent seines Territoriums (vgl. International Crisis Group, 2005: 1). Berg-Karabach dagegen, dessen Bevölkerungsanteil ausschließlich aus Armeniern besteht, proklamierte bereits 1991 die *de-facto*-Republik Berg-Karabach (oder freie Republik Arzach), die jedoch von der internationalen Staatengemeinschaft keine Anerkennung bekommen hat – nicht einmal von Armenien selbst (vgl. Rau, 2007: 49). Nach der Europaratresolution 1416 aus dem Jahre 2005 sollen im Rahmen dieser militärischen Auseinandersetzung mehr als 100.000 Menschen aus beiden ethnischen Bevölkerungsgruppen umgekommen sein. Darüber hinaus wurden schätzungsweise mehr als 100.000 zu Geflüchteten (vgl. Europarat, Resolution 1416, 2005: 1).

Hintergrund des ethnisch-territorialen-Konflikts zwischen den muslimischen Aseri und den christlich geprägten Armeniern ist, wie bereits zuvor erwähnt, das Gebiet Berg-Karabach. Beide Ethnien beanspruchen die Region für sich und betrachten es als eine „[...] kulturelle Wiege ihrer Nation und [...] Stammland ihrer Vergangenheit" (Avsar, 2006: 42). Dabei berufen sich die Berg-Karabach-Armenier auf das Selbstbestimmungsrecht der Völker, wobei Aserbaidschan die sofortige Beendigung der armenischen Besetzung aus der Region fordert, unter der Berufung der territorialen Integrität (vgl. Abasov/Khachatrian, 2006: 18). Auf die hier ersichtliche Konfliktdimension zwischen den beiden Völkerrechtsprinzipien des Selbstbestimmungsrechts der Völker (Artikel 1 Ziffer 2 und Artikel 55 UN-Charta) und der territorialen Integrität (Artikel 2 Absatz 4 UN-Charta) soll jedoch nicht weiter eingegangen werden. Angesichts der militärischen Auseinandersetzungen werden seit Jahrzehnten auch erbitterte Gefechte zwischen armenisch-aserischen Historikern und Intellektuellen ausgetragen. Denn die

> „[...] Geschichtsforschung dient in Armenien und in Aserbaidschan weniger dem Zweck der objektiven Erforschung und Erkenntnis der eigenen Vergangenheit, sondern vielmehr der historischen Rechtfertigung territorialer Besitzansprüche. Dabei werden einzelne historische Ereignisse als Schlaglichter der eigenen nationalen Geschichte hervorgehoben und durch ein Regelwerk von Hypothesen und Theorien in einen historischen Kontext eingefügt, bis sie schließlich das eigene fragmentarische Geschichtsbild komplettieren" (ebd.: 41).

Da die Geschichts- und Abstammungsforschung in diesen beiden Ländern den objektiven Standards nicht genügt und als Instrument für das eigene politische Vorgehen genutzt wird, ist es außerordentlich schwer zu sagen, welche Seite sich als belegbarer erweist und würde nur den vorgebenden Rahmen dieser Bachelorarbeit überschreiten. Da aber der ethnisch-territoriale-Konflikt seit mehr als zwei Jahrhunderten andauert, ist es notwendig etwas weiter in die Vergangenheit zurückzugehen, um die Ursachen des Konflikts zu verstehen. Deshalb gilt es im Folgenden möglichst objektiv die relevanten Ereignisse und Entwicklungen, die zum Berg-Karabach-Krieg 1992-1994 geführt haben, darzustellen.

Das Gebiet des heutigen Berg-Karabachs war über die Jahrhunderte hinweg immer wieder Bestandteil von militärischen Auseinandersetzungen und territorialen beziehungsweise ethnischen Verschiebungen durch einflussreiche Großmächte. Anfang des 18. Jahrhunderts kämpften das osmanische und persische Reich um eine Vorherrschaft in diesem Gebiet. Um einer Unterwerfung zu entgehen, wendete sich die bereits vor Ort etablierte politische Elite, das Karabach-Khanat an das russische Zarenreich, woraus bald freundschaftliche Beziehungen resultierten (vgl. Rau, 2007: 12f.). Ende des 18. beziehungsweise Anfang des 19. Jahrhunderts spitzten sich Territorialkämpfe zwischen den drei eben erwähnten Großmächten im Kaukasus zu. Im Zuge des zweiten Russisch-Persischen-Krieges gelang es dem russischen Zarenreich endgültig, die beiden anderen Großreiche aus Kaukasus zu verdrängen und so ihre Vormachtstellung vor Ort zu festigen (vgl. ebd.: 23f.). Der Turkmentschay-Vertrag aus dem Jahre 1828 beendete nicht nur den Krieg zwischen Russland und Persien, sondern setze auch den Grundstein für die russische geopolitische Umsiedlungs- und Integrationspolitik. Um die Region an das russische Zarenreich zu binden, wurde eine Politik der Christianisierung verfolgt, indem Armenier aus dem persischen und osmanischen Reich gezielt in das heutige Armenien und Aserbaidschan umgesiedelt wurden (vgl. ebd.).

Nach Mouradin siedelten in den 1820ern und 1830ern 150.000 Armenier in den Südkaukasus um (vgl. Mouradin, 1995: 81), während Rau davon ausgeht, dass 130.000 Armenier allein zwischen 1828 und 1830 ihre neue Heimat in diesem Gebiet gefunden haben (vgl. Rau, 2007: 24). Im Zuge des Krim-Krieges (1853-1856) und des Russisch-Türkischen-Krieges (1877-1878) verstärkten sich nochmal die armenischen Immigrationsbewegungen nach Berg-Karabach und Umkreis. Es wird davon ausgegangen, dass gegen Ende des 19. Jahrhunderts etwa 900.000 Armenier im Südkaukasus beheimatet waren (vgl. Mouradin, 1995: 90). Während der christlich-armenische Bevölkerungsanteil immer weiterwuchs, schrumpfte der Anteil der muslimisch geprägten Gruppen. Das Resultat der russischen Umsiedlungspolitik und der militärischen Auseinandersetzungen war ein regionaler demografischer Wandel. Zudem kam es zu den ersten anwachsenden Problemen und Auseinandersetzungen zwischen diesen beiden Volksgruppen. Im Gegensatz zu den Aseri konnten sich die Armenier besser und schneller in die neu etablierten russischen Strukturen integrieren. So besetzten sie in der Regel höhere Positionen in der Armee, in institutionellen Verwaltungsstrukturen und im Wirtschaftssektor. Diese Bevorzugung hing vor allem damit zusammen, dass die Armenier von allen kaukasischen Ethnien am positivsten der russischen Vorherrschaft gegenüberstanden und im äußersten Falle sogar bereit waren mit dem Zarenreich zusammenzuarbeiten (vgl. Benedikter, 2011: 26f.). Aufgrund der immer weiter zuspitzenden Konkurrenzsituation in vielen Lebensbereichen, entwickelte sich ein Abneigungs- und Spannungsverhältnis zwischen diesen beiden ethnischen Gruppen. Vor allem der fortlaufende Zustrom von Armeniern in die Region verstärkte die Ablehnung der Aseri gegenüber den Armeniern. Von aserischer Seite wurden sie als Verantwortliche für ihre missliche sozioökonomische Lage angesehen (vgl. ebd.: 27). Die Armenier fühlten sich durch die Ausweitung der politischen Mitbestimmung der Aseri zunehmend in ihrer überlegenden Position bedroht (vgl. ebd.), was letztendlich dazu geführt hat, dass sich beide Volksgruppen als Feinde angesehen haben. Um die interethnischen Spannungen maßgebend zu glätten, wurden zum einen armenische revolutionäre Gruppierungen, die sich gegen die Aseri richteten, zunehmend verfolgt. Zum anderen versuchte der russische Staatsapparat die aserische Volksgruppe mehr in institutionelle Strukturen zu integrieren. Darüber hinaus wurden armenische Kirchen und Schulen geschlossen (vgl. ebd.: 30). Die anti-armenische Politik hatte zu keinen Erfolgen geführt, vielmehr wurde das Gegenteil erreicht und das Konfliktpotential wurde nochmals verschärft. Anfang 1905 kam es in Baku zu Eskalationen. Ausgelöst wurde die Gewaltspirale durch die Ermordung eines Aseri, der wiederum versucht hatte, sich an einem armenischen Soldaten zu rächen (vgl. Villari, 1906: 193f.). Im Zuge des Massakers wurden Häuser und ganze Wohnviertel zerstört – nach Villari kamen insgesamt mehr als 400 Menschen ums Leben (vgl. ebd.: 194).

Die Gewaltausschreitungen dienten jedoch als Grundlage für weitere Eskalationen. So kam es schließlich zu weiteren Massakern und Pogromen in Städten wie Jerewan, Gjandschah und Nachitschwan (vgl. Shafiyev, 2008: 26f.). Im darauffolgenden Jahr nahmen die Ausschreitungen, Ermordungen und Entführungen ein solches Ausmaß an, die die russischen Behörden nicht mehr ignorieren konnten. Der Eingriff des „zaristischen Staatsapparates" (vgl. Benedikter, 2011: 33) beendete die blutigen Kämpfe und stabilisierte die öffentliche Lage. Die Ergebnisse der über fast einjährigen Ausschreitungen waren logischerweise zunehmende Antipathien auf beiden Seiten.

In den Jahren vor dem Ersten Weltkrieg stand die kaukasische Region – sowie die Jahrhunderte davor auch – im Mittelpunkt von territorialen Kriegen und Auseinandersetzungen. Vor allem Russland und das Osmanische Reich kämpften weiterhin um die Aufteilung des Großkaukasusraums beziehungsweise um die Sicherstellung ihrer Einflussmöglichkeiten. Als unmittelbare Folge dieser Auseinandersetzungen kam es 1915, als der Erste Weltkrieg schon im vollen Gange war, zu systematischen Massendeportationen beziehungsweise Tötung unzähliger Armenier durch das Osmanische Reich (vgl. Dorn, 2015: 31f.). Eine Einigkeit, wie viele Menschen armenischer Abstammung diesem Völkermord letztendlich zum Opfer gefallen sind, besteht leider nicht. Die Zahl variiert zwischen 300.000 und 1,5 Millionen Todesopfern (vgl. Bundesarchiv, 2020: 1). Zu beachten ist jedoch, dass die Türkei, welche als Nachfolgestaat des Osmanischen Reiches angesehen wird, bis zum heutigen Zeitpunkt vehement bestreitet, einen Völkermord an den Armeniern begangen zu haben (vgl. Hermann, 2015: 1). Die Februar- und Oktoberrevolution 1917 durch die Bolschewiki, die das Ende des russischen Zarenreiches bedeutete, destabilisierte die Kaukasusregion. Aufgrund der enormen innenpolitischen Schwächung verlor Russland seine Einflussmacht und Kontrolle in dem Raum. Das Resultat waren wiederholte ethnische Bürgerkriege und Gefechte, vor allem zwischen Armeniern und Aseri (vgl. Avsar, 2006: 90ff.).

Da das Osmanische Reich nach dem Ende des Ersten Weltkrieges nicht mehr existierte und das ehemalige russische Zarenreich allmählich einer Transformation zur sozialistischen Sowjetunion unterlag, proklamierte man währenddessen die Transkaukasische Föderation, bestehend aus den Staaten Armenien, Aserbaidschan und Georgien. Nur wenige Monate später zerbrach dieses staatliche Gefüge aufgrund von Meinungsdivergenzen (vgl. Brisku/Blauvelt, 2021: 12f.). Daraufhin erklärten diese Staaten ihre Unabhängigkeiten. Aufgrund der guten geografisch-strategischen Lage sowie der zahlreichen Rohstoff- und Ölvorkommen, versuchten auch andere Großmächte wie zum Beispiel Großbritannien vor Ort zu intervenieren (vgl. Krüger, 2009: 15). Ende 1918 marschierten britische Truppen in den Kaukasus ein. Diese Intervention sorgte weniger für eine Beilegung des territorialen Konflikts um Karabach, sondern verstärkte ihn nur noch. Im Hinblick dessen spielte der britische General Thomson eine bedeutende Rolle. Er entschied letztendlich über den territorialen Verbleib Berg-Karabachs im aserbaidschanischen Staatsgefüge und rief die politische Elite Karabachs zur Akzeptanz dieser Entscheidung auf. Nach langen Auseinandersetzungen stimmte die armenischkarabachische Führung zu (vgl. Krüger, 2009: 16). Anfang 1920 bestätigte die Pariser Friedenskonferenz die territoriale Zugehörigkeit Berg-Karabachs zu Aserbaidschan, mit der Ausnahme die administrative Aufgliederung zu einem späteren Zeitpunkt zu tätigen (vgl. Heß, 2016: 55).

Mit der Konferenz in Paris wurden allen Parteien die gute Möglichkeit geboten den territorialen Konflikt beizulegen. Diese Chance wurde jedoch leider nicht genutzt. „Die fehlende Bereitschaft […], eine definitive Regelung der Gebietsstreitigkeiten zwischen Armenien und Aserbaidschan vorzunehmen, wurde einer der Gründe, warum die Spannungen in der Folgezeit wieder zunahmen" (ebd.). Darüber hinaus war die sowjetische Armee bereits für einen „erneuten" Einmarsch in den Kaukasus mobilisiert worden. Mit der sowjetischen Unterstützung erhoffte sich die armenische Seite ihre Entscheidung zu widerrufen und Karabach doch noch aus dem aserbaidschanischen Staatsapparat ausgliedern zu können (vgl. ebd.). Nach der Bekanntgabe der Beschlüsse auf der Pariser Konferenz protestierte ein großer Teil, der in Karabach lebenden Armenier, gegen den Anschluss an Aserbaidschan. Erneut kam es wieder zum Bürgerkrieg und gewaltsamen Gegenoffensiven, wobei ganze Städte zerstört und verwüstet worden sind (vgl. ebd: 56f.).

Trotz des Regimewechsels in Russland führte die kommunistische Sowjetunion die zaristische Expansionspolitik im Kaukasus weiter fort. Denn die Bolschewiki erkannten vor allem die wirtschaftliche Bedeutung der aserbaidschanischen Roh- und Ölressourcen, die sie sich zu Nutze machen wollten. 1920 marschierte die rote Armee zuerst in Aserbaidschan, kurze Zeit später in Armenien ein und beendete ihre Unabhängigkeiten (vgl. Suleimanow, 2004: 218). Von da an existierten Armenien und Aserbaidschan als Unionsrepubliken im sowjetischen Staatsgefüge. Die Installierung der sowjetischen Führung in der Region bewirkte zunächst eine Unterbindung der Feindseligkeiten (vgl. Heß, 2016: 57), obwohl man sich scheinbar für eine möglichst adäquate Lösung bemühte. Vor allem die lange Unentschlossenheit seitens der Moskauer Zentralregierung, in welche Unionsrepublik Berg-Karabach eingegliedert werden sollte, verursachte nur noch weitere Spannungen. Vor diesem Hintergrund verkündete der Sekretär der bolschewistischen Partei Sowjet-Aserbaidschans Narminav überraschend am ersten Dezember 1920, dass die werktätige Bauernschaft Berg-Karabachs das Recht habe, ihr Selbstbestimmungsrecht voll umfassend auszuüben (vgl. Mamedova, 1995: 110). Nach langem Zögern entschied die Zentralregierung, die Region an die Armenische SSR anzugliedern. Nach Bekanntmachung dieses Beschlusses ereigneten sich Proteste, die Moskau veranlassten, diese Entscheidung zurückzunehmen (vgl. Heß, 2016: 58f.).

Schließlich erfolge eine Einigung. Am 5. Juli 1921 entschied sich das Kaukasische Büro (oberste regionale Führung im Kaukasusraum) für den Verbleib Berg-Karabachs in der Aserbaidschanischen Sozialistischen Sowjetrepublik (SSR). Maßgeblich entscheidend für diesen Beschluss war, die zu diesem Zeitpunkt bestehende, starke wirtschaftliche Verflechtung zwischen Aserbaidschan und Berg-Karabach (vgl. Rau, 2009: 33f.). 1923 erhielt die Region einen autonomen Status. An diesem verbindlichen Beschluss wurde nichts mehr verändert, sodass Karabach bis zum Zerfall der Sowjetunion Teil der Aserbaidschanischen SSR war (vgl. Krüger, 2009: 20). Die Nichtakzeptanz der armenischen Seite war die logische Konsequenz, sodass noch unzählige Versuche unternommen wurden, um den Status Berg-Karabachs und der im Umkreis liegenden Regionen zu verändern, die jedoch erfolglos waren (vgl. Heß, 2016: 62ff.). Die öffentliche Lage ab den 30er Jahren war trotz Spannungen relativ stabil und friedlich. Ab den 1980er Jahren nahmen die Spannungen wieder offene Formen an, sodass es allmählich wieder zu Übergriffen und gewaltsamen Ausschreitungen kam. Als wesentliche Ursache nennt Heß den politischen und wirtschaftlichen Niedergang der UdSSR (vgl. ebd.) und auch der von Michael Gorbatschow eingeleitete Modernisierungsprozess der Glasnost und Perestroika konnte die zugespitzten Verhältnisse nicht mehr aufhalten. So wurden unter anderem am 26. Februar 1988 in der Nähe von der Stadt Agdam zwei aserische Geflüchtete getötet.

Die Gegenreaktionen waren armenische Pogrome in der Stadt Sugmait, nahe Baku (vgl. Souleimanov, 2004: 222). Die Unwilligkeit der Zentralregierung in die Geschehnisse einzugreifen, ließen die Erinnerungen an den Völkermord 1915 durch die Osmanen unweigerlich wieder aufleben. Von der Sowjetmacht allein gelassen, begann die armenische Seite ihre eigenen Streitkräfte zu mobilisieren (vgl. Cornell, 1999: 17f.). Parallel zu den gegenseitigen ethnischen Übergriffen, spitzte sich auch der territoriale Konflikt um die Berg-Karabach-Region wieder zu. Im Sommer 1988 verkündete der Gebietssowjet von Berg-Karabach die Loslösung der Region von der Aserbaidschanischen SSR (vgl. Rau, 2009: 36), mit dem offensichtlichen Ziel, in die Armenische SSR einzutreten. Zu beachten ist allerdings, dass diese Proklamation unter Abwesenheit der aserischen Abgeordneten getätigt worden war. Der Oberste Sowjet der UdSSR lehnte jedoch diese Initiative ab, mit dem Verweis auf Artikel

78 der Verfassung der UdSSR. Besagter Artikel sah vor, dass territoriale Veränderungen erst mit einer Zustimmung durch die jeweiligen Unionsrepubliken möglich waren (vgl. Sowjetische Verfassung, 1977: Artikel 78). Um eine Abspaltung im Alleingang zu stoppen, verlegte die Moskauer Zentralregierung sowjetische Truppen in die Region. Ein Jahr später unterstellte Moskau das Gebiet unter seine Sonderverwaltung (vgl. Krüger, 2009: 23).

Währenddessen entwickelten sich die täglichen Kämpfe immer weiter zu Bürgerkriegsverhältnissen, wie es bereits Anfang des 20. Jahrhunderts der Fall war. Aufgrund der Gewalt kam es zu immensen Flüchtlingsströmen. So flohen Aseri aus Berg-Karabach und Armenien nach Aserbaidschan und umgekehrt. Rau geht von circa 210.000 aserischen Flüchtlingen aus, die aus Armenien vertrieben worden waren (vgl. Rau, 2007: 38). Im Zuge der Ereignisse entwickelte die armenische Nationalbewegung ein Eigenleben und widersetzte sich immer mehr der sowjetischen Zentralgewalt, was auch schließlich daran lag, dass sich die Sowjetunion mittlerweile im Zerfallsprozess befand. In zügigen Schritten kristallisierte sich allmählich eine rein armenische Parallelisierung in Berg-Karabach heraus. 1989 wurden in Berg-Karabach Wahlen durchgeführt, die entsprechend gegen das Sowjetrecht verstießen. Dabei erklärte die fast ausschließlich aus Armeniern bestehende Hoheitsgewalt Berg-Karabach zu einem unabhängigen Unionsterritorium mit einem dazugehörigen Nationalen Rat (vgl. Krüger, 2009: 23f.). Weder die Moskauer Zentralmacht noch die Unionsrepublik Aserbaidschan erkannten die selbsternannte Berg-Karabach Regierung an. Vielmehr erfolgte Seitens Moskau eine Übertragung der Hoheitsgewalt Berg-Karabachs an die Unionsrepublik Aserbaidschan, welche schon im September 1989 im aserbaidschanischen Parlament verabschiedet worden war (vgl. ebd.). Bis zum Zerfall der Sowjetunion führten die beiden Unionsrepubliken ihre Auseinandersetzungen in Form von Partisanenkriegen fort (vgl. ebd.: 24).

Ende 1991 zerfiel die sozialistische UdSSR. Mit der Alma-Ata-Erklärung vom 8. Dezember 1991 bestätigten die 15 sowjetischen Nachfolgestaaten, unter anderem die Russische Föderation, die Ukraine, Armenien und Aserbaidschan die Nichtexistenz der UdSSR (vgl. Erklärung von Alma-Atat, 1991: 1). Auf Basis dieser Erklärung erlangten Armenien und Aserbaidschan ihre Souveränität wieder. Nur zwei Tage später, am 10. Dezember, wurde in Berg-Karabach ein Referendum durchgeführt. Die Mehrheit der dort lebenden Bevölkerung sprach sich für eine Republik aus, obwohl Aserbaidschan schon Ende November, als der Zerfallsprozess der UdSSR schon im vollen Gange war, der Region seinen Autonomiestatus entzogen hatte (vgl.

Krüger, 2009: 25). Nach dem Armenien und Aserbaidschan ihre Unabhängigkeit proklamiert haben, begann der Berg-Karabach-Krieg (1992-1994).

Da die Sowjetunion nicht mehr bestand, internationalisierte sich das Geschehen, sodass dieser Konflikt ab diesem Zeitpunkt nicht mehr nur als ein sowjetisches Innenproblem betrachtet wurde, sondern als ein ethnisch-territorialer-Konflikt zwischen zwei Staaten beziehungsweise Völkerrechtssubjekten. Nach Dehdashti verursachte der Berg-Karabach-Krieg eine der größten Flüchtlingsbewegungen seit dem Ende des Zweiten Weltkrieges (vgl. Dehdashti, 2000: 15). Da bereits am Anfang dieses Kapitels auf den kriegerischen Sezessionskonflikt 1992-1994 eingegangen worden ist, soll das Geschehen durch relevante Ereignisse ergänzt werden. Erwähnenswert wären hier unter anderem das Massaker von Chodschali. Im Zuge der armenischen Okkupation aserbaidschanischer Gebiete, verübte die armenische Armee ein Massaker in der Stadt. Ein großer Teil der aserbaidschanischen Zivilbevölkerung der Stadt, die vor dem Angriff 7000 Menschen zählte, war verstümmelt und getötet worden. Nach Cornell sollte mit diesem Massaker eine doppelte Strategie verfolgt werden: Zum einen sollte die restliche Bevölkerung der Stadt flüchten und niemals zurückkehren. Zum anderen sollten die Menschen aus der nahen Nachbarschaft durch weitere mögliche Massaker in Angst versetzt werden (vgl. Cornell, 1999: 31f.).

Wie bereits ausgeführt, okkupierten armenische Truppen im Zuge des Sezessionkonfliktes circa 13,4 Prozent des aserbaidschanischen Territoriums. Als politische Reaktion auf die Okkupation verabschiedete der UN-Sicherheitsrat 1993 die Resolutionen 822, 853, 874 und 884. Zusammengefasst sprechen sich diese vier Resolutionen für folgende Punkte aus: Zum einen forderte der UN-Sicherheitsrat die beiden Staaten auf, die militärische Auseinandersetzung einzustellen und das besetzte aserbaidschanische Territorium durch Armenien wieder freizugeben. Diesbezüglich wurde nochmals die territoriale Integrität Aserbaidschans bekräftigt (vgl. Artikel 4, Absatz 2 UN-Charta). Des Weiteren forderte die Staatengemeinschaft Armenien dazu auf, die Waffenlieferungen an Berg-Karabach zu stoppen, obwohl Armenien in der Vergangenheit vehement bestritten hat, aserbaidschanische Gebiete okkupiert zu haben. Immer wieder wird darauf verwiesen, dass sich die Kampfhandlungen zwischen Aserbaidschan und der Region Berg-Karabach (vgl. Rau, 2007: 45) immer noch gegenwärtig abspielen.

Darüber hinaus muss noch das Engagement der Organisation für Sicherheit und

Zusammenarbeit in Europa (OSZE) erwähnt werden (bis 1995 Konferenz über Sicherheit und Zusammenarbeit in Europa). Im Rahmen der Minsker Gruppe versuchten 13 Teilnehmerstaaten eine adäquate Lösung für diesen Konflikt zu erarbeiten. Ursprünglich als provisorisches Instrument gedacht, entwickelte sich die Minsker Gruppe schon bald darauf zum ständigen Verhandlungsforum (vgl. Dehdashti, 2000: 204ff.). Trotz vieler Verhandlungen und Lösungsvorschläge konnte die Gruppe bis zum heutigen Tage nur wenige Erfolge erzielen. Offiziell endete der Berg-Karabach-Konflikt mit dem vorläufigen Waffenstillstandsabkommen am 5. Mai 1994 auf der Grundlage des Bischkeker Protokolls (vgl. Grant, 2017: 381). Vermittelt wurde das Waffenstillstandsabkommen durch die Russische Föderation. Das Abkommen diente jedoch eher als Übergangslösung, denn der ethnisch-territoriale-Konflikt wurde keineswegs für beendet erklärt.

Im Rahmen des Konflikts bemühte sich die Minsker Gruppe im darauffolgenden Zeitraum weiter um eine friedliche Lösung. Während der Jahrzehnte kam es vereinzelt zu Zwischenfällen an der vereinbarten Waffenstillstandslinie. So wurden bei Gefechten 2008 zwölf armenische und acht aserbaidschanische Soldaten getötet (vgl. BBC-News, 2008: 1). Nach fast 30 Jahren verhärteter Fronten kam es im Sommer letzten Jahres zu einer Eskalation, die zu zweimonatigen schweren Kämpfen geführt haben. Auf die neuesten Ereignisse bezüglich des Wiederauflebens des Konflikts wird im Analyseteil etwas näher eingegangen.

Bevor im Analyseteil untersucht werden kann, ob die Berg-Karabach-Region *State-* und *Nationbuilding* Strukturen vorweisen kann, lässt sich Folgendes bis hier hin schlussfolgern: Ausgehend vom theoretischen Teil (Kapitel 3.3) lässt sich festhalten, dass die Republik Berg-Karabach ein *de-facto-Staat* ist, welcher jedoch völkerrechtlich als Teil Aserbaidschans angesehen wird. Die Ereignisse bestätigen Rywkins Annahmen, dass ein *de-facto-Staat* infolge einer ethnisch-religiösen oder einer falschen Politik entstehen kann. Nach den zuvor erläuterten Darstellungen begann der Konflikt erstmals als ethnische Auseinandersetzung im Rahmen der zaristischen Umsiedlungspolitik. Ein weiterer Grund war die russische Bevorzugungspolitik, die der armenischen Volksgruppe eine günstigere Ausgangsposition im öffentlichen und sozialen Leben ermöglichte. Ferner fühlten sich die Armenier durch den politischen Aufstieg zunehmend durch die aserische Volksgruppe in ihren Rechten bedroht. Aufgrund der Nichtneutralität des Zarenreichs gegenüber den beiden Ethnien wurde das Konfliktpotential nur noch gesteigert, welches sich letztendlich in der ersten Eskalationsphase 1905-1906 entladen hatte. Die Folgen dieser kriegerischen Auseinandersetzung waren erste

Vertreibungen der muslimisch geprägten Aseri aus der Berg-Karabach-Region, die immer weiter sukzessiv vorangetrieben wurden. In der Endphase der Sowjetherrschaft bestand die Bevölkerung Karabachs vorwiegend aus christlichen Armeniern, sodass sich der ethnische Konflikt um die territoriale Konfliktdimension ausgeweitet hat.

In Bezug auf die Charakteristika eines *eingefroren Konflikts* nach Smetana und Ludvik erfüllt der Berg-Karabach-Konflikt diese. So zeichnete sich der Berg-Karabach-Krieg von 1992-1994 durch eine langandauernde Nachkriegszeit mit einem mangelnden stabilen Frieden aus. Im Rahmen der Minsker Verhandlungskonferenzen konnten bis zum heutigen Tage keine geeignete Lösung der Kernprobleme gefunden werden, sodass auch weiterhin der Konflikt nach Jahn als „kriegsträchtig" bezeichnet werden konnte. Ausgehend von Ereignissen aus dem letzten Jahr, in dem die Gewaltgefechte zwischen beiden Seiten wieder aufgenommen wurden, lässt sich der Konflikt nur begrenzt als vollständig *„eingefroren"* bezeichnen. Hier muss MacFarlane Recht gegeben werden, wenn er davon spricht, dass die Verwendung des Begriffs *„eingefroren"* als irreführend erscheint. Übertragen auf den Berg-Karabach-Konflikt wird ersichtlich, dass obwohl ein Waffenstillstandsabkommen vorlag, einzelne Gefechte und gewaltsame Auseinandersetzungen auf der Tagesordnung standen und gegenwärtig immer noch stehen. Auch De Waal bestätigt MarFarlanes Sichtweise, indem er die *„Eingefrorenheit"* des Konflikts klar ablehnt (vgl. De Waal, 2010: 165).

5. Analyse der Strukturkriterien für Berg-Karabach

Im ersten Teil wurden die theoretischen Grundlagen beziehungsweise die ausgewählten Struk-turkriterien des *State-* und *Nationbuilding* sowie die wichtigsten Ursachen und Hintergründe des Berg-Karabach-Konflikts dargelegt. Im zweiten und folgenden Teil gilt es deshalb den Kriterienkatalog auf den *de-facto-Staat* Berg-Karabach zu übertragen.

5.1 *Statebuilding* in Berg-Karabach

Da nach Kolsto und Blakkisrud der zentrale Aspekt des *Statenbuidling* die physische Kontrol-le über ein bestimmtes Territorium ist, soll zuerst auf die Rolle des Staatgebiets von Berg-Ka-rabach eingegangen werden. Nach dem Krieg 1994 hatte die selbst ausgerufene Republik Ka-rabach die gesamte Kontrolle über das beanspruchte Gebiet ausgeübt. Zusätzlich wurde die Region Shahumanyan im Norden besetzt, die einen überwiegend armenischen Bevöl-kerungsanteil aufwies, aber zu Zeiten der sowjetischen Herrschaft kein Bestandteil der auto-nomen Republik Berg-Karabach war. Wie in den Kapiteln zuvor angedeutet, eroberten armenische Streitkräfte im Zuge der kriegerischen Auseinandersetzungen 1992-1994 Teile des aserbaidschanischen Staatsterritoriums. Dazu zählen der strategisch wichtige Latchin-Korridor, der Berg-Karabach mit Armenien verbindet und das Gebiet Kelbajar im Westen sowie die südlichen Gebiete (Gubadly, Zangilau, Jabrayil und ein Teil von Fizuli). Im Osten wäre noch das Gebiet von Agdam zu nennen (vgl. Kolsto/Blakkisrud, 2008: 490). Konnten die Armenier noch 1994 als Sieger hervorgehen, so stehen sie nach den Ereignissen 2020 auf der Verliererseite. Im Zuge der Kämpfe konnte Aserbaidschan viele Gebiete unter seine Kontrolle bringen, darunter Agdam und Kelbajar (vgl. Jeska, 2020: 2). Unter Beteiligung Russlands wurde sich am 9./10. November 2020 auf ein zweites Waffenstillstandsabkommen geeinigt. Dabei wurde Russlands Vermittlerrolle gestärkt. So wird der strategisch wichtige Latschin-Korridor, der die wichtigste Anbindung zwischen Armenien und Berg-Karabach stellt, von russischen Truppen überwacht (vgl. ebd.). Wie zu erwarten, kam es zu Verstößen und erneuten Gefechten. Die neuesten Entwicklungen aus dem Jahr 2021, waren die Gespräche zwischen Wladimir Putin und dem aserbaidschanischen Präsidenten Ilham Alijew sowie dem armenischen Politiker Nikol Paschinjan, die jedoch zu keinen befriedigenden Resultaten geführt haben (vgl. Caucasian Knot, 2021a: 1). Am 2. Februar 2021 warf die aserbaidschanische Seite armenischen Truppen vor, Schüsse auf den Bezirk Qazax verübt zu haben, um den Konflikt wieder beschleunigen zu wollen, wobei Armenien diese Vorwürfe vehement bestritt (vgl. Caucasian Knot, 2021b: 1).

Ausgehend von den Darlegungen ist ersichtlich, dass Berg-Karabach das konstitutive Kriterium des Staatsgebiets teilweise beziehungsweise seit den neuesten Ereignissen 2020 nicht erfüllen kann. Mehr als drei Jahrzehnte und angesichts der Ereignisse vom letzten Jahr konnte der *de-facto-Staat* zwar das Kerngebiet von Karabach halten, musste jedoch Verluste hinnehmen, indem es insgesamt mehrere Gebiete wieder an Aserbaidschan abgeben musste. Die aktuellen Geschehnisse haben gezeigt, dass Berg-Karabach keine wirksame Kontrolle über das festgesetzte Territorium hat, das allerdings essentiell für Staatlichkeit ist. Trotz eines Waffenstillstandsabkommens nehmen die Gefechte kein Ende, sodass vielleicht in naher Zukunft das beanspruchte Gebiet Karabachs einer Verringerung zum Opfer fällt. Auf Basis dessen ist auch eine klare Abgrenzung des Territoriums durch einen Vertragsschluss nach Brownlie gar nicht möglich. Dies hängt auch letztendlich damit zusammen, dass die Gebiete Karabachs von Aserbaidschan als eigenes Territorium betrachtet werden (vgl. Krüger, 2009: 45).

Des Weiteren gilt es auf das Kriterium der ständigen Bevölkerung beziehungsweise des

Staatsvolkes einzugehen. Ausgehend von dem Begriff der ständigen Bevölkerung kann Berg-Karabach diese vorweisen. Zunächst muss jedoch geklärt werden, welche ständige Bevölkerung gemeint ist. Manche Autoren betrachten hier einen statischen Auslegungsbegriff der ständigen Bevölkerung, also die im Moment dort lebenden Menschen. Andere hingegen zählen auch Migrationsströme in die besagte Region mit ein, die gegebenenfalls zu einem dynamischen Wandel führen können (vgl. Quénivet, 2006: 485f.). Für den *de-facto-Staat* Berg-Karabach gestaltet sich die Erfassung der ständigen Bevölkerung als sehr schwierig, weil hier eine genaue Abgrenzung der Gebiete und Zeiträume erfolgen muss, vor allem weil noch bis vor circa vier bis fünf Jahren vor dem Ausbruch des Berg-Karabach-Krieges (1992) Menschen aserischer Abstammung in dem Berg-Karabach Gebiet wohnhaft waren. Zudem ist die Wahrscheinlichkeit sehr groß, dass aufgrund der neuesten Geschehnisse der Staat Aserbaidschan aserische Bevölkerung in den wiedererlangten Gebieten ansiedeln wird. Darüber hinaus darf auch nicht außer Acht gelassen werden, dass nach dem Krieg 1994 armenische Staatsangehörige nach Berg-Karabach zugewandert sind (vgl. ebd.). Aus Gründen des Platzmangels dieser Arbeit kann hier leider keine klare Abgrenzung einer ständigen Bevölkerung vorgenommen werden, sodass sich im Folgenden auf die Bevölkerungszusammensetzung nach dem Kriegsgeschehen 1994 konzentriert wird.

Nach offiziellen Zahlen beträgt die Bevölkerung Berg-Karabachs knapp 145.000 Menschen (vgl. Office of the Artsakh Republic, 2021b: 1). Die Bevölkerung in Berg-Karabach zeichnet sich durch eine homogene Struktur aus. 99,74 Prozent sind armenischer Abstammung. Aserbaidschaner sind nur noch mit circa 0,005 Prozent in dieser Region vertreten (vgl. Caucasian Knot, 2020: 1). Ein Großteil der Migranten, die nach Berg-Karabach kommen, sind armenische Staatsbürger. Außerdem muss noch hinzugefügt werden, dass nach der berg-karabachischen Verfassung die Staatsbürgerschaft an die dort lebende Bevölkerung verliehen, aber auch aufgrund besonderer Umstände durch die Behörden wieder entzogen werden kann. Darüber hinaus besteht die Vergabe von Reisepässen der armenischen Republik an die Bevölkerung Berg-Karabachs durch das Innenministerium. Die Pässe sollen das Reisen für die berg-karabachische Bevölkerung erleichtern (vgl. Kolsto/Blakkisrud, 2008: 501). Hier wird auch eine enge Verzweigung zwischen Berg-Karabach und der Republik Armenien ersichtlich. Berücksichtigt man jedoch die Begriffsdefinition des „Volkes" nach Hille, dass sich das jeweilige Staatsvolk durch eine gemeinsame Nationalgeschichte, Kultur und Sprache auszeichnet, so wird ersichtlich, dass die Verzweigung zwischen der Republik Armenien und Berg-Karabach noch tiefer greift. Dieser Prozess wird im zweiten Analyseteil des *Nationbuil-*

ding (Kapitel 5.2) untersucht. Da das Staatlichkeitskriterium des Staatsvolkes in unmittelbarer Verbindung mit dem *Nationbuilding*-Prozess steht, kann eine abschließende Beurteilung dieses Kriteriums erst zu einem späteren Zeitpunkt erfolgen. Hinsichtlich der statischen Begriffsauslegung einer ständigen Bevölkerung, kann vorsichtig gesagt werden, dass Berg-Karabach dieses Kriterium erfüllt.

Weiter gilt es, das Kriterium der Staatsgewalt beziehungsweise der funktionsfähigen Regierung zu untersuchen. In diesem Rahmen soll vor allem auf das politische System Berg-Karabachs, aber auch die Rolle des Militärs miteinbezogen werden. Ferner verfügt Berg-Karabach über klare funktionsfähige politische Strukturen. Ende 2006 wurde ein Referendum über einen Verfassungsentwurf durchgeführt, der mit einer Mehrheit angenommen wurde. Nach Artikel 1 der berg-karabachischen Verfassung bezeichnet sich der *de-facto-Staat* als ein souveräner und demokratischer Staat, der auf sozialer Gerechtigkeit und Rechtsstaatlichkeit beruht (vgl. Constitution of the Nagorno Karabakh Republic, 2006: Artikel 1). Des Weiteren werden im Artikel 7 und 8 das Prinzip der Gewaltenteilung und das Mehrparteiensystem betont. Im Folgenden soll erarbeitet werden, wie der *de-facto-Staat* seine politischen und institutionellen Strukturen nach dem Ende der Sowjetunion installiert hat. Nach der „Unabhängigkeitserklärung" 1991 von Aserbaidschan zeichnete sich die Republik durch eine parlamentarische Staatsform aus.

Nur ein Jahr darauf beschloss das Parlament die meisten Befugnisse auf ein sogenanntes „staatliches" Verteidigungskomitee zu übertragen. Den Vorsitz dieses Verteidigungskomitees hatte Robert Kocharyan, der spätere Präsident Berg-Karabachs (vgl. Kolsto/Blakkisrud, 2012: 145f.). Unmittelbar nach dem Berg-Karabach-Krieg 1994 wurde das Verteidigungskomitee abgeschafft, nachdem Kocharyan durch einen parlamentarischen Beschluss zum Präsidenten Berg-Karabachs ernannt worden war.

Der erste wichtige Schritt zur Normalisierung des politischen Lebens waren die allgemeinen Wahlen im Jahre 1996, bei denen sich Kocharyan seine Präsidentschaft weiter sichern konnte. Ein halbes Jahr später wurde er jedoch zum armenischen Ministerpräsidenten ernannt, sodass er das neu geschaffene Amt des karabachischen Präsidenten aufgeben musste. Nachfolger Kocharyans wurde sein ehemaliger politischer Berater, Arkadi Ghukassjan, der bei den erneuten Wahlen mit knapp 90 Prozent zum zweiten Präsidenten gewählt wurde (vgl. ebd.). Als dritter Präsident wurde Bako Sahakjan im Jahre 2007 gewählt, der letztes Jahr von dem amtie-

renden Präsidenten Arajik Harutjunjan abgelöst wurde (vgl. ebd.). Neben den Präsidentschaftswahlen wurden in den Jahren 1991, 1995, 2000 und 2005 Parlamentswahlen abgehal-
ten. War das Wahlsystem in Berg-Karabach bei den ersten drei Wahlen rein mehrheitlich orga-
nisiert, so war dies 2005 nicht mehr der Fall. Ab diesem Zeitpunkt wurde ein gemischtes
System etabliert (vgl. Kolsto/Blakkisrud, 2008: 502).

Zur Zusammensetzung des Parlaments (Nationalversammlung) in Karabach sei gesagt, dass es
sich um ein Einkammersystem handelt und damit das oberste Legislativorgan verkörpert (vgl.
Office of the Artsakh Republic, 2021c: 1). Die insgesamt 33 Mitglieder des Parlaments
werden für fünf Jahre gewählt. Seit der Einführung des gemischten Wahlsystems werden elf
Mitglieder in einem Wahlkreis für einen Sitz gewählt. Die restlichen Parlamentssitze werden
durch Parteilisten besetzt (vgl. ebd.). Nach Kolsto und Blakkisrud hat diese Änderung die
Vertretung der Parteien nicht gestärkt. Dies verdeutlichen die Autoren am Beispiel der
Oppositionspartei der ARF (Armenische Revolutionäre Föderation). Hatte die ARF vor der
Wahländerung fast ein Drittel der Parlamentssitze unter Kontrolle, so ist diese mittlerweile nur
mit drei Sitzen vertreten.

Weiter führen die Autoren aus, dass eine solche Einstimmigkeit in der nationalen Politik
verschiedene Erklärungen zu Grunde liegen können. Zum einen können diese Entwicklungen
ein hohes Maß an Zufriedenheit mit der Politik bedeuten, die die Bevölkerung unterstützt.
Zum anderen kann dies aber auch auf ein undemokratisches und autoritäres Regime
hindeuten, das ein möglichst pluralistisches System unterminieren will. Da internationale
Organisationen wie die OSZE, als Beobachter in de-facto-Staaten grundsätzlich nicht
vertreten sind, wurde diese Aufgabe schon mehrmals von Armenien und anderen Ländern
wahrgenommen. Anzeichen für Unstimmigkeiten und Wahlbetrug gab es keine (vgl. ebd.).

Die wichtigsten Parteien in Berg-Karabach sind die sozialdemokratische ARF, die
demokratische Partei Arzachs, die freie Heimat sowie die kommunistische Partei (vgl.
Deutsche Welle, 2005: 1). Mit dem Verfassungsreferendum 2017 modifizierte Berg-Karabach
die Verfassung aus dem Jahre 2006. Neben der neuen Namensgebung der Republik Arzach
bestand die zentrale Änderung im Übergang von einem semi-präsidentiellen zu einem
vollständig präsidentiellen System. Ziel des verfassungsrechtlichen Umbaus war es, die
Exekutivgewalt des Präsidenten zu erweitern und darüber hinaus dem Amt mehr
Handlungsspielräume zu geben. Hintergrund dieser Bestrebungen war das zugespitzte

Bedrohungspotential an der im Jahre 1994 festgelegten Waffenstillstandslinie. Die Ausdehnung der Exekutivkompetenzen sollte bei einer möglichen militärischen Zuspitzung den Reaktions- und Handlungsspielraum erweitern. Zudem wurden im Rahmen dieses Referendums die Bürger- und Menschenrechte erweitert. Auch wurde die Judikative in ihren Rechten gestärkt (vgl. Deutsch-Armenische-Gesellschaft, 2017: 1).

Im Rahmen dieses Referendums waren eine ganze Reihe von internationalen Beobachtern anwesend. So waren unter anderem die Mitglieder des Europäischen Parlaments aus Luxemburg, Tschechien und Zypern dabei. Ferner waren die zwei ehemaligen Botschafter der Bundesrepublik Deutschland in Armenien, Reiner Morell und Hans Jochen Schmitt vor Ort. Darüber hinaus waren noch weitere internationale Beobachter aus Kanada, Frankreich, den USA und Spanien vor Ort anwesend. Nach Ansicht der Beobachter erfüllten die Wahlen die von der Venedig-Kommission vorgegebenen demokratischen Prinzipien (vgl. ebd.: 2). Außerdem wurde die Wahltransparenz ohne erkennbare Verfahrensfehler gelobt. Die Beobachter hielten fest, dass das Verfassungsreferendum sowie die Parlaments- und Präsidentschaftswahlen die Jahre zuvor insgesamt die völkerrechtliche Effektivität des *de-facto-Staats* gestärkt hat (vgl. ebd.). Trotz der schwierigen militärischen Umstände wird festgehalten, dass sich Berg-Karabach auf der Grundlage einer demokratischen Verfassung entsprechende demokratische Institutionsstrukturen aufbauen und etablieren konnte.

Da nach Ansicht von Kolsto und Blakkisrud die berg-karabachische Armee die grundlegendste Garantie für die „Unabhängigkeit" Berg-Karabachs darstellt (vgl. Kolsto/Blakkisrud, 2008: 490) und der *de-facto-Staat* höchstwahrscheinlich ohne diese gar nicht überlebensfähig wäre, soll im Weiteren verdeutlicht werden, welche Rolle diese in Berg-Karabach einnimmt. Das berg-karabachische Militär, welches 1992 im Zuge des Krieges mit Aserbaidschan gegründet wurde, verkörpert seither einen sehr wichtigen Akteur (vgl. Office of Nagorno Karabakh Republic, 2021d: 1). Aufgrund der militärischen Dominanz, besteht eine tiefe Verwurzelung mit der Politik, die nach Lynch ein Hindernis für die Beilegung bestimmter Konflikte darstellt (vgl. Lynch, 2001: 11).

Insgesamt verzeichnet die Armee eine Truppenstärke von 15.000 Soldaten und hat damit eine der stärksten Truppen in der Region. Zudem sind die militärischen Strukturen eng mit dem armenischen Militär verbunden (vgl. ebd.: 10). So kämpften beide während des Karabach-Krieges 1992-1994 sowie bei wieder entfachten Kämpfen letztes Jahr – Seite an Seite gegen aserbaidschanische Einheiten. Die wichtigste und zentralste Aufgabe des berg-karabachischen Militärs ist somit die Sicherung und Verteidigung der Grenzen gegenüber aserbaidschanischen Truppen. Weiter ist das Militär dafür zuständig, die Sicherheit und den Fortbestand der Bevölkerung in Karabach und somit den inneren Frieden im *de-facto-Staat* zu gewährleisten. Die zentrale Funktion der Staatlichkeit nach Benz kann somit bestätigt werden. Angesichts der mittlerweile erfolgreich etablierten demokratischen Strukturen kann die tiefe Verwurzelung der militärischen und politischen Sphäre negative Folgen für den *de-facto-Staat* mit sich bringen.

Somit besteht auch ein Risiko, dass die Armee ihre Machtkompetenz immer weiter ausweitet und die Entwicklung Berg-Karabachs in Richtung Rechtsstaatlichkeit untergräbt. Hier bringen Kolsto und Blakkisrud das Beispiel des Oberbefehlshabers Samvel Babayan an, der während des Berg-Karabach-Krieges 1992-1994 als Kriegsheld gefeiert wurde und sich nach dem Krieg als Verteidigungsminister beträchtliche Machtkompetenzen im regionalen Sicherheitssektor zusichern konnte (vgl. Kolsto/Blakkisrud, 2008: 491f.). Seine Machtbefugnisse nutzte Babayan aus, um Einfluss auf die Regierungsentscheidungen auszuüben. Ferner nutze er seine Machtprivilegien um ökonomische Interessen durchzusetzen. Bis zu seiner Absetzung durch Präsident Ghukasion 1999 entzog er sich vollständig einer Aufsichtskontrolle durch zivile Behörden (vgl. ebd.).

Insgesamt kann das Merkmal der Staatsgewalt beziehungsweise der funktionsfähigen Regierung für Berg-Karabach bejaht werden. Trotz der schrecklichen Ereignisse nach 1994 war der *de-facto-Staat* in der Lage aktiv ein funktionsfähiges politisches System mit demokratischen Tendenzen zu etablieren. Die politische Funktion nach Stütz, mit einer Interessenvertretung auf überregionaler Ebene durch Parteien sowie Partizipationsrechte durch die Bürger, liegen in Berg-Karabach vor. Ausgehend von den Erläuterungen kann auch das Merkmal der Gewaltenteilung nach Schneckener bejaht werden. Mit der letzten Verfassungsreform wurden diese ausgeweitet und gestärkt. Die Sicherheitsfunktion nach Stütz und Benz kann auch als erfüllt angesehen werden, obwohl diese Aufgabe in der derzeitigen Situation offenkundig das Militär übernimmt.

Da nach der Montevideo Konvention das vierte Staatlichkeitsmerkmal darin besteht, dass eine politische Einheit Beziehungen zu anderen Staaten aufnehmen muss, wird im Weiteren untersucht, ob dies auf Berg-Karabach zutrifft oder nicht. Die Auffassung, dass Aserbaidschan basierend auf dem Völkerrecht die Region Berg-Karabach als sein eigenes Territorium ansieht, wird auch mehrheitlich von der internationalen Staatengemeinschaft geteilt. Ziel es ist, weitere mögliche Sezessionsbestrebungen und die daraus resultierende Fragmentierungsprozesse zu verhindern (vgl. Forsberg, 2013: 329f.). Aufgrund der mangelnden internationalen Anerkennung wird dem *de-facto-Staat* verwehrt, trotz Bestrebungen, Beziehungen zu anderen Staaten aufzubauen. So schickten unter anderem Vertreter des *de-facto-Staates* einen offenen Brief an den UN-Generalsekretär António Guterres mit der Bitte um Anerkennung (vgl. Schmitt, 2020: 1). Auch der wichtigste Schutzpatron Armenien hat Berg-Karabach bis heute nicht offiziell anerkannt, vor allem, um die angespannten Verhältnisse mit Aserbaidschan nicht noch mehr zu intensivieren (vgl. Manutscharjan, 1998: 8). Nichtsdestotrotz verfügt der *de-facto-Staat* Vertretungsbüros in einzelnen Ländern, darunter die USA, Russland, Australien und Frankreich (vgl. Office of the Nagorno Karabakh Republic, 2021a: 1). Obwohl dies als Hinweis für begrenze Anerkennung angesehen werden kann, muss hierbei festgehalten werden, dass Berg-Karabach das vierte Kriterium nach der Montevideo Konvention nicht erfüllt.

Da Stütz, Benz, Kolsto und Blakkisrud die wirtschaftliche und ökonomische Dimension als wichtiges Kriterium für *Statebuilding* erachten, wird diese im Folgenden auf Berg-Karabach übertragen. Darüber hinaus soll auf die sozialen Umstände in der Region eingegangen werden. Die Wiederaufbauphase nach dem Unabhängigkeitskrieg gestaltete sich für den *de-facto-Staat* als sehr schwierig und umfangreich. Dennoch ist der Wiederaufbauprozess der Infrastruktur vor allem in den größeren Städten, wie zum Beispiel der Hauptstadt Berg-Karabachs Stepankert, vollständig abgeschlossen. Das Geld dafür kam hauptsächlich vom Schutzpatron Armenien und der armenischen Diaspora aus dem Ausland. Im Jahre 2006 erhielt die Region eine Geldsumme von knapp 60 Millionen Euro (vgl. Kolsto/Blakkisrud, 2008: 495). Zur Wirtschaftspolitik sei gesagt, dass die wirtschaftlichen Folgen, die die militärische Eskalation mit sich brachte, in diesem Rahmen nicht besprochen werden können. Es wird nur auf die Entwicklungen vor 2020 eingegangen. Frühzeitig entschied sich die selbsternannte Republik gegen die sozialistische Wirtschaftsform, wie es noch zu Sowjetzeiten der Fall war. Man orientierte sich an liberalisierenden Grundsätzen, Privatisierungen und ging im Allgemeinen zur freien Marktwirtschaft über. Trotz hoher Inflationsrate wurden Privatisierungsprogramme und innovative Wirtschaftsmaßnahmen vorgenommen, die vor allem gute Bedingungen für ausländische Investoren schaffen sollten. So investierten viele Diaspora Armenier unter anderem in die berg-karabachische Teppichindustrie.

Das Ziel, nicht nur Diaspora Armenier, sondern Investoren vor allem durch niedrige Steuern aus anderen Ländern nach Berg-Karabach zu holen, bleibt weiterhin bestehen (vgl. ebd.).

Trotz der Bemühungen der *de-facto*-Regierung und der finanziellen Unterstützung aus dem Ausland, befindet sich die Region in einem landwirtschaftlichen und industriellen Niedergang. Die Betriebe die vor Ort gebaut wurden, können nicht genügend Arbeitsplätze schaffen (vgl. Lynch, 2001: 13). Davon ausgehend ist der Lebensstandard der Bevölkerung in Karabach sehr niedrig. Nach Behörden liegt das Existenzminimum bei 23.000 Dram, was knapp 36 Euro entspricht. Des Weiteren wird geschätzt, dass ungefähr 40 Prozent der berg-karabachischen Bevölkerung unter diesem Existenzminimum leben muss, sodass vielen Menschen nichts anderes übrig bleibt als mit Subsistenzwirtschaft und Güterhandel aus Armenien oder dem Iran ihr Überleben zu sichern (vgl. King, 2001: 537). Zudem musste Berg-Karabach lange Zeit mit der Schattenwirtschaft kämpfen. Aufgrund der geografischen Lage konnte sich die Schleichwirtschaft in der Region nicht etablieren, obwohl sich dadurch positive Effekte auf die legale Wirtschaftsentwicklung festhalten ließen (vgl. Kolsto/Blakkisrud, 2008: 495).

Zusammenfassend befand sich Berg-Karabach nach dem Unabhängigkeitskrieg in einer sehr schwierigen wirtschaftlichen Phase. Die wirtschaftlichen Maßnahmen mit ausländischer Unterstützung hatten das Ziel, einigermaßen freie Wirtschaftsstrukturen im *de-facto-Staat* zu etablieren. Trotz allem wurde auch ersichtlich, dass die Mehrheit der Bevölkerung immer noch unter prekären Lebensbedingungen leidet und individuelle Wege finden muss sich selbst zu versorgen. Basierend auf den Analysen ist der Wille des *de-facto-Staates* eigene und unabhängige ökonomische Strukturen zu schaffen, ersichtlich. Deshalb wird das Kriterium der Wirtschaft vorsichtig bejaht.

5.2 *Nationbuilding* in Berg-Karabach

Berg-Karabach hat gegenwärtig eine Bevölkerung, die ethnisch nahezu homogen ist. Die zuletzt verbliebene aserbaidschanische Bevölkerung wurde im Zuge der kriegerischen Ereignisse Anfang der 90er Jahr nahezu vollständig in Richtung aserbaidschanischer Grenzen vertrieben. Da es aufgrund dessen keine ethnisch-religiösen Differenzen in der Region mehr gibt, stellt diese Homogenität sogar sehr gute Ausgangsbedingungen für den *Nationbuilding*-Prozess in Berg-Karabach dar. Darauf aufbauend kann jedoch kaum von einer eigenen unabhängigen Berg-Karabach-Nation die Rede sein, sodass es fast unwahrscheinlich erscheint, über eigene Kultur und Bildungsstrukturen zu reden. Vielmehr basiert die nationale

Identität (ethnos) auf armenischen Kulturbräuchen. Nach Novikova setzt sich das Nationen- und Zusammengehörigkeitsgefühl der Berg-Karabach-Armenier durch historisches Unrecht und dem Völkermord an den Armeniern zu Zeiten des Ersten Weltkrieges durch Osmanische Truppen zusammen (vgl. Novikova, 2012: 557).

Aufgrund dieses „Opferkomplexes" wird folglich eine Volksidentität geschaffen, die der Ansicht ist, sich und die eigenen Grenzen vor äußeren Mächten (wie Aserbaidschan) verteidigen zu müssen (vgl. ebd.). Die Nichtanerkennung des Völkermords durch die Türkei (Nachfolgestaat des Osmanischen Reichs) und die ständigen militärischen Auseinandersetzungen mit aserischen Truppen verstärken diese „negative" Identitätskonstruktion (vgl. Kaufman, 2001: 55). Zudem erfolgt eine ständige Wiederholung und Erinnerung durch karabachische Medien, die sich in staatlichen Händen befinden (vgl. Kolsto/Blakkisrud, 2012: 147).

In ihren Ausarbeitungen betrachten Kolsto und Blakkisrud Berg-Karabach als „nationale Idee Armeniens" (vgl. Kolsto/Blakkisrud, 2008: 501), wonach auch der symbolische *Nationbuil- ding*-Prozess im *de-facto-Staat* teilweise ausgerichtet, aber nicht vervollständigt wurde. So gibt es zum Beispiel eigene Briefmarken, aber keine separate Währung, stattdessen wird der armenische Dram verwendet. Wie in der Analyse des Kriteriums der ständigen Bevölkerung erwähnt, besitzen die Menschen in Berg-Karabach zwar eine berg-karabachische Staatsbürger- schaft, die aber per se nicht existiert, weil in der Regel die Bevölkerung vor Ort armenische Pässe besitzt. Betrachtet man die Flagge Berg-Karabachs, so ist die Ähnlichkeit zur armeni- schen Staatsflagge klar ersichtlich – die Farben beider Flaggen sind gleich. Nur auf der berg- karabachischen Flagge ist ein weißes zickzackförmiges „Dreieck" platziert, welches Assoziationen zu Wandteppichen – dem traditionellen Handwerk in der Region - symbolisieren soll (vgl. ebd.). In Bezug auf die Akteure, die eine Verflechtung zwischen Armenien und Berg-Karabach vorweisen, wäre der ehemalige berg-karabachische Präsident Robert Kotscharjan zu nennen. Nachdem er durch allgemeine Wahlen zum Präsidenten ernannt wurde, gewann er ein Jahr später die Wahlen in Armenien (vgl. Manutscharjan, 2007: 50f.).

Für dieses Kapitel lässt sich abschließend festhalten, dass sich in Berg-Karabach *Nationbuilding*strukturen vorweisen lassen. Zieht man letztlich die Definition eines Staatsvol- kes nach Hille heran, dass sich dieses durch eine gemeinsame Nationalgeschichte, Kultur und

Sprache auszeichnen, sind *Nationbuidling*strukturen auf den ersten Blick in Berg-Karabach vorhanden, sodass auch das Kriterium des Staatsvolkes vorerst als erfüllt angesehen werden kann. Allerdings ist es sehr wichtig zu beachten, dass trotz Bemühungen, eigene symbolische *Nationen*strukturen wie eigene Briefmarken und eine eigene Flagge zu etablieren, es unmöglich ist von einer eigenen und unabhängigen berg-karabachischen Nationalität zu sprechen. Ersichtlich ist, dass diese sehr eng mit der armenischen verzweigt ist beziehungsweise das Gleiche darstellt. Der einzige potenzielle ersichtliche Unterschied zwischen den Menschen in Armenien und der Bevölkerung in Berg-Karabach ist, dass sie die schmerzlichen Erfahrungen des alltäglichen Krieges nicht kennen und eventuell der „Opferkomplex" nach Novikova, seine Grenzen vor äußeren Feinden schützen zu müssen, nicht so weit ausgeprägt ist, obwohl dies sehr stark zu bezweifeln ist. Die Bestrebung, ein gemeinsames berg-karabachisches Nationalgefühl zu schaffen, ist hier ersichtlich. Da es sich aber um ein und dasselbe Volk handelt, welches nur geografisch getrennt wurde, muss das Kriterium des *Nationbuilding* verneint werden.

6. Fazit

Die Intention dieser Bachelorarbeit war es, herauszuarbeiten, ob der *de-facto-Staat* Berg-Karabach *State-* und *Nationbuilding* Strukturen vorweisen kann oder nicht. Da es keinen einheitlichen und allgemeingültigen Kriterienkatalog für Staatlichkeit gegenwärtig gibt, wurde sich im Rahmen des Möglichen bemüht, einen eigenen Kriterienkatalog der Staatlichkeit auszuarbeiten, um diese Fragestellung angemessen beantworten zu können. Zur Annäherung dieser Strukturkriterien wurde sich unter anderem auf Jellineks klassische *drei-Elementen-Trias* sowie auf die Montevideo Konvention bezogen. Darüber hinaus fand eine Ergänzung dieser staatlichen Strukturmerkmale durch Autoren statt, die ausgiebig in die *State-* und *Nationbuilding*forschung integriert sind. Da es sich bei Berg-Karabach um einen *de-facto-Staat* handelt, erfolgte zur Abgrenzung und zum besseren Verständnis eine Erklärung, was *de-facto-Staaten* letztendlich sind und welche Charakteristika diese auszeichnen. Zudem wurde der im Zusammenhang stehende Begriff des *frozen conflict* erläutert. Damit die aufgestellten Kriterien auf den Berg-Karabach-Konflikt übertragen werden konnten, erfolgte eine Ausführung der Ursachen und Hintergründe des Berg-Karabach-Krieges 1992-1994 und die daraus resultierenden Kriegsfolgen.

Natürlich konnte im Rahmen dieser Ausführungen nicht auf alle Ereignisse eingegangen werden, sodass sich nur auf die relevantesten Geschehnisse fokussiert wurde. Ersichtlich wurde aber, dass der ethnisch-territoriale Berg-Karabach-Konflikt weit in die Vergangenheit reicht und die Region im Allgemeinen eine langwierige Ära der Konflikte und gewaltsamen Auseinandersetzungen verkörpert. Die Analyse zeigte, dass der *de-facto-Staat* viele Punkte des Kriterienkatalogs der Staatlichkeit erfüllen kann, manche aber auch nicht, sodass die Antwort auf die zu Anfang gestellte Forschungsfrage nicht mit einem klaren Ja oder Nein beantwortet werden kann, sondern graduell ausfallen muss. Aufgrund eines soliden politischen Systems mit klar ersichtlichen rechtsstaatlichen Tendenzen, erfüllt Berg-Karabach klar das Kriterium der Staatsgewalt beziehungsweise der funktionsfähigen Regierung, wobei aber auch der Einfluss des Militärs nicht unterschätzt werden darf. Weiterhin kann Berg-Karabach solide wirtschaftliche und ökonomische Strukturen mit marktwirtschaftlicher Ausrichtung vorweisen. Somit kann auch dieses Kriterium als erfüllt betrachtet werden. Die Kriterien der ständigen Bevölkerung und des Staatsvolkes wurden jeweils separat betrachtet. Nach den Ausführungen kann das Kriterium der ständigen Bevölkerung als erfüllt angesehen werden, wobei die Antwort auf das Staatsvolk anders ausfällt. Hier fand die Analyse unter Hinzuziehung der *Nationbuilding*merkmale statt. Hier wurde ersichtlich, dass trotz Bemühungen eine unabhängige berg-karabachische Identität zu etablieren, eine sehr enge Verzweigung zwischen der armenischen und berg-karabachischen Kulturidentität besteht.

So handelt es sich nicht um zwei verschiedene Völker – sondern um ein und dasselbe Volk. Die Kriterien des Staatsvolks und die *Nationbuilding*merkmale müssen deshalb hier als nicht erfüllt angesehen werden. Die Strukturkriterien des Staatsgebiets und der Beziehungsaufnahme zu anderen Staaten konnte Berg-Karabach ebenfalls nicht erfüllen. Hinsichtlich des Staatsgebiets muss ergänzt werden, dass die Antwort auf diese Frage vor den Ereignissen 2020 eine andere wäre. Denn seit dem Ende des Unabhängigkeitskrieges 1994 konnte der *de-facto-Staat* mehr als zwei Jahrzehnte sein beanspruchtes Territorium halten. Das Wiedererstarken Aserbaidschans führte zur Wiederaufnahme der Gefechte, die Territoriumsverluste als Folge hatten und damit den *de-facto-Staat* vorerst in eine defensive Rolle gedrängt haben. Ob Berg-Karabach zukünftig das verbliebene Territorium halten kann oder Aserbaidschan noch mehr einnehmen wird, bleibt ungewiss.

Das Kriterium der Beziehungsaufnahme zu anderen Staaten ist meines Erachtens das zentrale Element in der Staatlichkeitsdebatte. In Bezug auf die Nichterfüllung, ist die internationale Staatengemeinschaft maßgeblich verantwortlich. Denn von ihrer Entscheidung hängt letztendlich die Bejahung oder Verneinung dieses Strukturmerkmals ab. Berg-Karabach besitzt Kapazitäten und den Willen, Kontakte und Beziehungen im globalen Rahmen mit anderen Staaten einzugehen. Aufgrund der Besorgnis, dass die Anerkennung Berg-Karabachs als ein vollwertigen Staat zu weiteren Sezessionsbestrebungen und damit zu einer Kettenreaktion führen könnte, wird dem Konflikt eine bedeutende Relevanz in der internationalen Politik verliehen. Natürlich ist diese Besorgnis durch die internationale Staatengemeinschaft nicht ganz unbegründet und klar nachvollziehbar. Vor allem verfolgt man durch die Nichtanerkennung das grundlegende Ziel, die regionale und damit auch die internationale Ordnung und Stabilität zu gewährleisten. Eine Akzeptanz würde höchstwahrscheinlich einen territorialen Fragmentierungsprozess hervorrufen, der für die internationale Sicherheit eine enorme Bedrohung darstellen würde. Eine solche Erfahrung durfte die Staatengemeinschaft mit der Anerkennung der Unabhängigkeit Kosovos machen, wobei Berg-Karabach schon des Öfteren öffentlich angeprangert hat, warum der Kosovo sich von der Republik Serbien abspalten durfte, ihm aber dieses Recht verwehrt bleibt (vgl. Manutscharjan, 2009: 3f.). Im Kosovofall sprachen andere triftige Gründe für eine Abspaltung. Obwohl Berg-Karabach insgesamt die Hälfte der Kriterien der Staatlichkeit erfüllt, ist eine Anerkennung durch die internationale Staatengemeinschaft höchst unwahrscheinlich.

Die Zusammenstellung der Kriterien der *State-* und *Nationbuilding* war eine kleine Herausforderung. Vor allem deswegen, da kein einheitlicher Konsens über die Kriterien der Staatlichkeit bestehen und weil viele Autoren *State-* und *Nationbuilding* als eine Einheit betrachten. Natürlich bauen beide Strukturen aufeinander auf und können deshalb ohne das andere nicht bestehen. Nichtsdestotrotz habe ich es als sinnvoller empfunden, beide Begriffe separat voneinander zu betrachten, weil es die Analyse für Berg-Karabach insgesamt erleichtert hat. Zudem beweisen die ausgewählten Kriterien am Beispiel von Berg-Karabach wie komplex diese im Einzelnen sind. Zum einen muss die Gesamtsituation, in der sich der *de-facto-Staat* befindet, stets im Blick behalten werden. Zum anderen eröffnen die ausgewählten Kriterien einen breiten Handlungsspielraum für die Bewertung, ab wann ein Kriterium bereits als erfüllt angesehen werden kann. Vor dem Hintergrund dessen wurde sich deshalb bemüht, möglichst nah an den aufgestellten Kriterien zu arbeiten.

Zum Schluss soll noch im Allgemeinen kurz auf den ethnisch-territorialen-Konflikt zwischen den Berg-Karabach-Armenien und den Aseri eingegangen werden. Angesichts der Eskalation militärischer Kämpfe aus dem letzten Jahr ist klar, dass die generationsübergreifende Gewalt und Feindseligkeit in der Kaukasusregion nicht von alleine aufhören werden, sodass die beiden Parteien auch in der Zukunft nicht in der Lage sein werden, diesen Konflikt untereinander lösen zu können. Aufgrund der starken Internationalisierung dieser militärischen Auseinandersetzungen ist hier ein zusätzlich stärkeres Konfliktmanagement und Hilfestellung der internationalen Staatengemeinschaft erforderlich. Meines Erachtens kann dieser generationsverwurzelte Konflikt ohne Kompromisse und vor allem Zugeständnisse nicht gelöst werden. Entweder wird Berg-Karabach Teil Aserbaidschans oder Berg-Karabach wird als ein eigener Staat anerkannt. Denn die Analyse hat gezeigt, dass obwohl Berg-Karabach nicht alle klassischen Kriterien der Staatlichkeit erfüllt, der *de-facto-Staat* aber trotzdem das Potential besitzt, ein vollwertiger Staat zu werden.

7. Literaturverzeichnis

Abasov, Ali/Khachatrian, Haroutiun, 2006: The Karabakh Conflict. Variants and Settlement: Concepts and Reality. Online unter https://www.cac.org/dataeng/books/book1/Abaso_Khachatrian.pdf [Letzter Zugriff: 31.01.2021].

Avsar, Ferhat, 2006: Schwarzer Garten im Land des ewigen Feuers. Entstehungsgeschichte und Genese des Karabach-Konflikts. Offenbach am Main: Manzara Verlag.

BBC-News, 2008: Karabakh casualty toll disputed. Online unter http://news.bbc.co.uk/2/hi/europe/7278871.stm [Stand: 05.03.2008; letzter Zugriff: 08.02.2021].

Benedikter, Christoph, 2011: Brennpunkt Berg-Karabach: ein Konflikt gefriert. Hintergründe Folgen-Auswege. Innsbruck: Studien Verlag.

Benz, Arthur, 2001: Der moderne Staat. Grundlagen der politologischen Analyse. München/Wien: R. Oldenbourg Verlag.

Biermann, Rafael, 2014: Coercive Europeanization. The EU's Struggle to Contain Secessionism in the Balkans, in: European Security 23 (4), S. 484-508.

Biermann, Rafael, 2017: Raus aus dem Schatten. Stand und Perspektiven der Forschung zu De-facto-Staaten, in: Zeitschrift für Friedens- und Konfliktforschung 6 (2), S. 207-258.

Bota, Alice, 2020: Stolpernd in den Krieg? Zwischen Aserbaidschan und Armenien wird wieder geschossen. Online unter https://www.zeit.de/2020/31/kaukasus-aserbaidschan-armenien-gefechte-bergkarabach [Stand: 22.07.2020; letzter Zugriff: 02.03.2021].

Brisku, Adrian/Blauvelt, Timothey K, 2021: Introduction – Who wanted the TDFR? The making and the breaking of the Transcaucasian Democativ Federal Republic, in: *Brisku, Adrian/Blauvelt, Timothey K.* (Hrsg.). New York: Routledge Verlag, S. 8-16.

Brownlie, Ian, 1998: Principles of Public International Law. Oxford: Oxford University Press.

Bundesarchiv, 2020: Der Völkermord an den Armeniern. Ein Menschheitsverbrechen zu

Beginn des 20. Jahrhunderts in Quellen der Abteilung Militärarchiv des Bundesarchivs. Online unter https://www.bundesarchiv.de/DE/Content/Virtuelle-Ausstellungen/Der-Volkermord-An-Den-Armeniern/der-volkermord-an-den-armeniern.html [letzter Zugriff: 17.02.2021].

Caucasian Knot, 2020: General Information about Nagorno-Karabakh. Online unter https://www.kavkaz-uzel.eu/articles/90997/ [Stand: 02.10.2020; letzter Zugriff: 19.02.2021].

Caucasian Knot, 2021a: Armenian analysts argue about consequences of Putin-Aliev-Pashinyan summit. Online unter https://www.eng.kavkaz-uzel.eu/articles/53390/ [Stand: 15.01.2021; letzter Zugriff: 08.02.2021].

Caucasian Knot, 2021b: Azerbaijan accused Armenia of border provocation. Online unter https://www.eng.kavkaz-uzel.eu/articles/53556/ [Stand: 02.02.2021; letzter Zugriff: 08.02.2021].

Cornell, Svante E., 1999: The Nagorno Karabakh Conflict, in: Department of Easteuropean Studies 20 (46), S. 1-153.

Dehdashti, Rexane, 2000: Internationale Organisationen als Vermittler in innerstaatlichen Konflikten. Die OSZE und der Berg-Karabach-Konflikt. Frankfurt am Main: Campus Verlag.

Deutsch-Armenische-Gesellschaft, 2017: Berg-Karabach hat sich eine neue Verfassung gegeben. Eindrücke von Wahlbeobachtern. Online unter https://www.deutscharmenischegesellschaft.de/wp-content/uploads/2017/03/ADK174-Berg-Karabach-hat-sich-eine-neue-Verfassung-gegeben-1.pdf [letzter Zugriff: 21.02.2021].

Deutsche Welle, 2005: Berg-Karabach wählt Parlament. Online unter https://www.dw.com/ru/нагорный-карабах-выбирает-парламент/a-1620796 [Stand: 19.06.2005; letzter Zugriff: 01.03.2021].

De Waal, Thomas, 2010: Remaking the Nagorno-Karabakh Peace Process, in: Survival. Global Politics and Strategy 52 (4), S. 159-176.

Dietrich, Frank, 2010: Sezession und Demokratie. Eine philosophische Untersuchung. Berlin: Walter de Gruyter Verlag.

Dorn, Martin, 2015: Verbrechen an der Menschlichkeit. Der Völkermord an den Armeniern und seine Ursachen, in: *Tamcke, Martin* (Hrsg.), Leben nach Völkermord und politischer Repression: Armenien. Göttingen: Universitätsverlag Göttingen, S. 23-26.

Europarat, Resolution 1416, 2005: The conflict over the Nagorno-Karabakh region dealt with by the OSCE Minsk Conference. Online unter http://assembly.coe.int/nw/xml/XRef/Xref-XM-L2HTML-en.asp?fileid=17289 [Stand: 25.01.2005; letzter Zugriff: 31.01.2021].

Forsberg, Erika, 2013: Do Ethnic Dominoes Fall? Evaluating Domino Effects of Granting Territorial Concessions to Separatist Groups, in: International Studies Quaterly 75 (2), S. 329-340.

Goetz, Catherine/Guzina, Dejan, 2008: Peacebuilding, Statebuilding, Nationbuilding – Turtles All The Way Down?, in: Civil Wars 10 (4), S. 319-347.

Grant, Thomas E., 2017: Frozen Conflicts and International Law, in: Cornell International Law Journal 50 (3), S. 361-413.

Haverland, Christine, 1987: Secession, in: *Bernhardt, R.* (Hrsg.): Encyclopedia of Public International Law Instalment. North-Holland/Amsterdam/New York/Oxford/Tokio, S.384-389.

Hermann, Rainer, 2015: Völkermord an den Armeniern. Leugnen und vergessen. Online unter https://www.faz.net/aktuell/politik/der-erste-weltkrieg/die-tuerkei-leugnet-den-voelkermord-an-den-armeniern-um-zu-vergessen-13555705.html [Stand: 24.04.2015; letzter Zugriff: 17.02.2021].

Heß, Reinhard Michael, 2016: Panzer im Paradies. Der Berg-Karabach-Konflikt zwischen Armenien und Aserbaidschan. Berlin: Dr. Köster Verlag.

Hille, Charlotte, 2010: State Building and Conflict Resolution in the Caucasus. Leiden/Boston: Brill Verlag.

Hippler, Jochen, 2003: Gewaltkonflikte, Konfliktprävention und Nationbuilding, Hintergründe eines politischen Konzepts. Online unter https://homepage.univie.ac.at/vedran.dzihic/Jochen%20Hippler%20-%20Text.pdf [letzter Zugriff: 01.03.2021].

International Crisis Group, 2005: Nagorno-Karbakh: Viewing the Conflict from the Ground. Online unter https://www.crisisgroup.org/europe-central-asia/caucasus/nagorno-karabakh-azerbaijan/nagorno-karabakh-viewing-conflict-ground [Stand: 14.09.2005; letzter Zugriff: 31.02.2021].

International Crisis Group, 2019: Digging out of Deadlock in Nagorno-Karabakh. Online unter https://www.crisisgroup.org/europe-central-asia/caucasus/nagorno-karabakh-conflict/255-digging-out-deadlock-nagorno-karabakh [Stand: 20.12.2019; letzter Zugriff: 31.01.2021].

Internet Archive/Wayback Machine, 1991: Erklärung von Alma-Ata. Online unter https://web.archive.org/web/20130625022626/http://www.gus-manager.de/info/gus_erklaerung.htm [letzter Zugriff: 07.02.2021].

Isaacs, Rico/Polese, Abel, 2015: Between „imagined" and „real" nation-building: identities and nationhood in post-Soviet Central Asia, in: Nationalitis Papers. The Journal of Nationalism and Ethnicity 43 (3), S. 371-382.

Jahn, Egbert, 2009: Frieden durch die normative Kraft militärischer Gewalt? Der Südkaukasus nach dem Augustkrieg, in: *Hippler, Jochen* (Hrsg.), Friedensgutachten. Berlin: LIT Verlag, S. 85-96.

Jellinek, Georg, 1914: Allgemeine Staatslehre. 3. Auflage. Berlin: O. Härig Verlag.

Jeska, Andrea, 2020: Bergkarabach. Im Land der Geschlagenen. Online unter https://www.zeit.de/2020/52/bergkarabach-konflikt-aserbaidschan-armenien-fluechtlinge-niederlage [Stand: 09.12.2020; letzter Zugriff: 08.02.2021].

Kaufmann, Stuart J., 2011: Modern Hatreds. The Symbolic Politics of Ethnic War. Ithaca: Cornell University Press,

King, Charles, 2001: The Benefits of Ethnic War. Understanding Eurasia's Unrecognized

States, in: World Politics 53 (4), S. 524-552.

Kolsto, Pal, 2006: The Sustainability and the Future of Unrecognized Quasi-States, in: Journal of Peace Research 43 (6), 723-740.

Kolsto, Pal/Blakkisrud, Helge, 2008: Living with Non-Recognition. State – and Nationbuilding in South Caucasian Quasi-States, in: Europe-Asia Studies 60 (3), S. 483-509.

Kolsto, Pal/Blakkisrud, Helge, 2012: De facto states and democracy. The case of Nagorno-Karabakh, in: Communist and Post-Communist Studies 45 (1-2), S. 141-151.

Kolsto, Pal/Blakkisrud, Helge, 2013: From Secessionist Conflict Toward a Functioning State. Process of State- and Nationbuilding in Transnistria, in: Post-Soviet Affairs 27 (2), S. 178-210.

Krueger, Heiko, 2009: Der Berg-Karabach-Konflikt: eine juristische Analyse. Berlin/Heidelberg: Springer Verlag.

Lynch, Dov, 2001: Managing Separatist States. A Eurasian Case Study, in: European Union. Institute for Security Studies 20 (32), S. 1-33.

Mamedova, Farida, Ursachen und Folgen des Karabach-Problems. Eine historische Untersuchung, in: *Halbach, Uwe/Kappeler, Andreas* (Hrsg.), Krisenherd Kaukasus. Nationen und Nationalitäten in Osteuropa. Baden-Baden: Nomos Verlagsgesellschaft, S. 110-128.

Manutscharjan, Aschot L., 1998: Der Konflikt um Berg-Karabach. Grundproblematik und Lösungsperspektiven, in: Zentrum für Europäische Integrationsforschung 98 (18), S. 3-38.

Manutscharjan, Aschot L., 2007: Keine „Aprikosenrevolution". Die Parlamentswahlen in Armenien und ihre Auswirkungen auf die Sicherheitslage im Kaukasus, in: Konrad Adenauer Stiftung 8 (7), S. 31-59.

Manutscharjan, Aschot L., 2009: Der Berg-Karabach-Konflikt nach der Unabhängigkeit des Kosovo, in: Zentrum für Europäische Integrationsforschung 9 (193), S. 3-32.

MarFarlane, Neil S., 2009: Eingefrorene Konflikte in der ehemaligen Sowjetunion – der Fall Georgien/Abchasien, in: Institut für Friedensforschung und Sicherheitspolitik (Hrsg.), OSZE-Jahrbuch. Baden-Baden, S. 23-36.

Montevideo Komvention, 1933: Montevideo Convention on Rights and Duties of States. Online unter https://www.lichtland.org/docs/Konvention_von_Montevideo_1933.pdf [letzter Zugriff: 14.02.2021].

Mouradin, Claire, 1995: Die armenische Nationalbewegung im Osmanischen und Russischen Reich bis zu Ersten Weltkrieg, in: *Halbach, Uwe/Kappeler, Andreas* (Hrsg.), Krisenherd Kaukasus. Nationen und Nationalitäten in Osteuropa. Baden-Baden: Nomos Verlagsgesellschaft, S. 80-93.

Noack, David X., 2017: De-facto-Staaten. Prekäre Staatlichkeit und eingefrorene Konflikte. Online unter https://www.wissenschaft-und-frieden.de/seite.php?artikelID=2237 [letzter Zugriff: 02.03.2021].

Novikova, Gayane, 2012: The Nagorno Karabakh Conflict through Prism of the Image of the Enemy, in: Internationa Order – Security and Strategic Studies 18 (3), S. 550-569.

Office of the Artsakh Republic, 2021a: Representations of the Nagorono Karabakh Republic. Online unter http://www.nkrusa.org/foreign_policy/representations.shtml [letzter Zugriff: 23.02.2021].

Office of the Artsakh Republic, 2021b: Country Overview. Online unter http://www.nkrusa.org/country_profile/overview.shtml [letzter Zugriff: 02.03.2021].

Office of the Artsakh Republic, 2021c: The Parliament of Nagorno Karabakg Republic. Online unter http://www.nkrusa.org/country_profile/national_assembly.shtml [letzter Zugriff: 02.03.2021].

Office of the Artsakg Republic, 2021d: Important Facts about NKR Defense Army (Nagorno-Karabakh Army). Online unter http://www.nkrusa.org/country_profile/nkr_army.shtml [letzter Zugriff: 02.03.2021].

Pegg, Scott, 1998: International Society and de-fact-state. Brookfield: Ashgate.

Quénivet, Noëlle, 2006: 15 Jahre nach dem Zerfall der Sowjetunion. Gibt es noch nicht anerkannte Staaten?, in: Archiv des Völkerrechts 44 (4), S. 481-509.

Rau, Johannes, 2007: Der Berg-Karabach-Konflikt zwischen Armenien und Aserbaidschan. Ein kurzer Blick in die Geschichte. Berlin: Dr. Köster Verlag.

Relitz, Sebastian, 2015: De-Facto-Staaten als zentrale Herausforderungen europäischer Integration. Der Fall Abchasien, in: *Stratenschulte, Eckart D.* (Hrsg.): Der Anfang vom Ende? Formen differenzierter Integration und ihre Konsequenzen. Baden-Baden: Nomos Verlag, S. 261-292.

Rywkin, Michael, 2006: The Phenomenon of Quasi-States, in: SAGE journals 53 (2), S. 23-28.

Saparov, Arsene, 2015: From Conflict to Autonomy in the Caucasus. The Soviet Union and the making of Abkhazia, South Ossetia and Nagorno Karabakh. New York: Routledge Verlag.

Schmitt, Oliver Maria, 2020: Republik Arzach. Mit der Bitte um Anerkennung. Online unter https://www.faz.net/aktuell/reise/die-unbekannte-kaukasus-republik-arzach-einst-bergkarabach-16633970.html [Stand: 16.02.2020; letzter Zugriff: 22.02.2021].

Schneckener, Ulrich, 2007: Fragile Staatlichkeit und State-building. Begriffe, Konzepte und Analyserahmen, in: *Beisheim, Marianne/Schuppert, Gunnar Folke* (Hrsg.): Staatszerfall und Governance. Schriften zur Governance-Forschung. Baden-Baden: Nomos Verlag, S. 98-121.

Shafiyev, Farid, 2008: Armenia-Azerbaijan conflict: roots. Massacres of 1905-1906, in: DİPLOMATİYA ALƏMİ. World of Diplomacy – Journal of the ministry of foreign affairs of the republic of Azerbaijan 2008 (18-19), S. 14-29.

Smetana, Michal/Ludvik, Jan, 2018: Between war and peace. A dynamic reconceptualization of „frozen conflicts", in: Asia Europe Journal 19 (17), S. 1-14.

Souleimanov, Emil, 2004: Der Konflikt um Berg-Karabach, in: Institut für Friedensforschung und Sicherheitspolitik (Hrsg.), OSZE-Jahrbuch. Baden-Baden, S. 217-236.

Sowjetische Verfassung, 1977: Verfassung der Sowjetunion. Verabschiedet auf der siebten Tagung durch den Obersten Sowjet der UdSSR der neunten Versammlung. Online unter http://www.hist.msu.ru/ER/Etext/cnst1977.htm [letzter Zugriff: 06.02.2021].

Stuetz, Julia, 2008: „State-Building" aus theoretischer und praktischer Perspektive. Baden-Baden: Nomos Verlag.

Villari, Luigi, 1906: Fire and Sword in the Caucasus. London: Unwin.